卡夫卡日记
1912—1914

[奥] 弗朗茨·卡夫卡 著

邹 露 译

图书在版编目（CIP）数据

卡夫卡日记.1912—1914 /（奥）弗朗茨·卡夫卡著；邹露译.—北京：中国国际广播出版社，2020.1
ISBN 978-7-5078-4610-2

Ⅰ.①卡… Ⅱ.①弗…②邹… Ⅲ.①卡夫卡（Kafka, Franz 1883—1924）—日记 Ⅳ.①K835.215.6

中国版本图书馆CIP数据核字（2019）第283414号

著作权合同登记号 01-2019-1460

Based on Franz Kafka, 'Kritische Ausgabe'. Originally published under permission of Schocken Books Inc., New York City, USA, by S.Fischer Verlag GmbH, Frankfurt am Main, 1990 ©for the comments：S.Fischer Verlag GmbH, Frankfurt am Main, 1990
Simplified Chinese Translation Copyright ©2020 by China International Radio Press Co., Ltd.
All rights reserved

卡夫卡日记：1912—1914

著　　者	［奥］弗朗茨·卡夫卡
译　　者	邹　露
策　　划	张娟平
责任编辑	张娟平
校　　对	张　娜
设　　计	黄　旭

出版发行	中国国际广播出版社 ［010-83139469　010-83139489（传真）］
社　　址	北京市西城区天宁寺前街2号北院A座一层 邮编：100055
印　　刷	环球东方（北京）印务有限公司
开　　本	880×1230　1/32
字　　数	170千字
印　　张	8
版　　次	2020年7月 北京第一版
印　　次	2020年7月 第一次印刷
定　　价	54.00元

版权所有　盗版必究

| 译者前言 |

　　日记是内心世界最便捷、最真实的写照，卡夫卡这个为"写作"而生、为"写作"而亡的人，对这种表达方式欲罢不能。在1909—1923年这十余年时间里，卡夫卡的创作灵感和思路、精神和身体状况的变化、情感世界的纠结、生活的困惑和对社会伦理的思考，通过这三本《卡夫卡日记》淋漓尽致地展现在读者面前，是卡夫卡本人较为真实、多面的解剖图。细细品味，就会走近卡夫卡的内心世界。它们对研究卡夫卡其他文学作品的创作动机和背景以及揭开卡夫卡人生诸多未解之谜，具有重要意义。

　　卡夫卡的心思细腻，思想深邃，日记中每一个字、每一个标点都是他当下身心状况的体现，因此译文尽可能在选词、语序和标点符号上尊重原著，仅在个别不利于理解的部分对标点（极少）、语序做了调整，所以读者也许会看到有些段落突然中断，或者结束时缺少标点符号，这是卡夫卡日记原本的样子。或许这缺失的结尾背后有当时的创作环境、思路、情绪、身体状况的影响，或许只是单纯的忘记，无论如何，这就是卡夫卡日记的本来面貌。

从卡夫卡的日记中可以看出，他唯一的热爱就是写作：不停地思考，不停地写作。他的工作、婚姻、社交等都是围绕着能够让他专心写作、为写作创造条件展开的。卡夫卡是一个内心羞怯、矛盾和自我封闭的作家。他一方面想要融入世俗，让家人满意，为此也曾试图承担一份婚姻，尽管他本人对婚后一起生活、对性没有一丝兴趣，甚至有极大反感；另一方面却极其厌倦世俗生活，想要逃离，灵魂的自由是他毕生的渴望，而只有在写作中，他的灵魂才是自由、满足的。

卡夫卡日记中有一些反复、断裂、混乱的地方，这是卡夫卡内心矛盾的一种体现，卡夫卡对此有明确的认识。不了解卡夫卡的人，看到这些会觉得他是个头脑混乱的疯子，但这或有意或无意的笔触正是卡夫卡那段时期精神世界最真实的反映。读者从日记里看到的，卡夫卡也看得到，作为一个只对写作葆有热忱的人，卡夫卡清楚自己写下的每一个字的用意，也知道它在读者眼里或许会呈现出怎样的卡夫卡。比如他在日记里写道："可以想象在过去三四年里，同样内容出现了一千次。我毫无意义地消耗着自己……"

读卡夫卡日记，越读越能体会到，卡夫卡是一个很纠结、缺乏安全感的人。他经常做梦，梦境丰富且精彩，所以梦境也成了他日记的一个重要组成部分；他常常幻想，幻想自己会如何自我了结。卡夫卡内心的压抑通过拧巴的表达方式可以看出，但是他总归是个平凡的人，他喜欢的、排斥的、向往的、逃避的无非就是世俗的烦扰与理想的安宁，只不过他把这两种矛盾极端化地表现了出来。

在现今生活里，每个人都对工作有或多或少的排斥和不适应，在家庭关系中也会需要空间和独处的机会，在爱情里也会不断试探对方是否符合自己的性格、脾性和生活习惯，每个人也都有自己执着的追求和偏好，不管是读书、旅行、音乐、写作还是游戏。所以说，卡夫卡笔下的日记，将一个生动、鲜活的社会矛盾体摆放在读者面前，每个人都能从他的描述中找到或多或少的共鸣和自己的影子。

卡夫卡日记的意义在于，让读者从最真实的记录中发现他的心理状况、思维方式、生活习惯，看到他对教育制度、社会伦理的讽刺和批判；从哪怕是重复啰唆的话语里，读出他内心的愤恨、矛盾、焦虑、不安和渴望、向往及偶尔出现的幸福；从日常记录中读出他非常人的一面，躯体的痛苦、精神的压力都无法阻碍他对写作的热忱。他只有写作，他只要写作，婚姻、爱情、家庭、工作对他而言都是写作的负累。他想逃离生活，逃离家庭，逃离爱情，一度想要辞掉工作，就是为了满足自己写作的追求。

本着信达雅的原则，译文在语言处理上尽可能尊重原文，保留原稿表达的时代特色，同时尽力避免晦涩的表达，尽可能将译文处理得符合当下阅读习惯和表达习惯，以期达到可读、好读的效果。

本系列译自菲舍尔袖珍出版社（Fischer Taschenbuch Verlag）1994年版的卡夫卡日记三卷本，分别是《卡夫卡日记：1909—1912》《卡夫卡日记：1912—1914》《卡夫卡日记：1914—1923》。

这三卷内容取自《卡夫卡日记》，第一版出现在马克斯·布罗德（Marx Brod）1937年于布拉格出版的《日记和书信》中，第一个完整版是马克斯·布罗德1951年在S.菲舍尔出版社（S. Fischer Verlag）出版的《日记1910—1923》。

邹露
2018年8月
北京

| 目　录 |

第五册 / 001

第六册 / 063

第七册 / 121

第八册 / 173

第五册

〈1912年〉1月4日

只是因为虚荣心，我才那么喜欢为我的姐妹们朗诵（以至于今天，举个例子，因为朗诵到太晚而没有写作）。我并非坚信在朗诵中能获得某种有意义的东西，相反，我只是对极力靠近我朗诵的那些好作品上了瘾，所以我与它们融为一体，功劳不在我，而只是在我那些认真倾听的姐妹们被朗诵内容唤起、又为无关紧要之事所扰乱的注意力上得到体现，因此，我也在作为诱因的虚荣心的掩饰下，为这部作品本身所产生的全部影响贡献了一部分力量。我在姐妹们面前的朗诵也确实值得赞赏，我对一些地方做出了我觉得相当精准的强调，之所以这么说，是因为后来不只我自己，还有我的姐妹们，都会给我极大的褒奖。但是，如果我在布罗德或鲍姆或其他人面前朗诵，我的朗诵对每个人而言肯定都是极其糟糕的，这是因为即便他们对我惯常的朗诵水平一无所知，我也要求他们称赞我的朗诵，因为我发现听众坚持将我与朗读的内容割裂开，而我又觉得自己不可能得到听众的支持，因此，如果我不变成可笑的样子，就无法将自己与朗读内容完全联系起来。我用这可笑的声音在要朗诵的文字周围徘徊，偶尔试图闯进去，因为人们想要我这么做，但也不是非要我这么做不可，因为他们完全没指望我做到；但是，人们原本想听到的是没有虚荣心、平心静气、有距离感的朗读，只有在需要我有激情的时候，我才可以激情澎湃地朗读，这我做不到；虽然我知道我必须接受这个事实，因而也接受了它，即我在除了我姐妹们之外的人面前朗诵不好，但是我的虚荣心在作祟，虽然这一次虚荣心的出现没道理可言，所以如果有人在朗诵的东西中挑毛病的话，我会感到受伤，我会脸红，并且想马上继续读下去，就像我平时一样，一旦开始朗读，就力求永无止境地读下去，怀着一种下意识的渴望，即在长时间的朗诵过程中，至少在我心里，会形成一种与朗诵内容成为一体的虚假的感觉，然而我忘了，我永远都无法拥有足够的爆发力，也无法用我的感觉去影响听众们清晰的感知，而且在家的时候，意料之中的困惑也总是从姐妹们开始的。

1912年1月5日

这两天来我发觉内心有一种冷静和冷漠，招之即来，挥之即去。昨天晚上散步的时候，街上的每一个小小的声响，每一道投向我的目光，陈列柜里的每一张照片，在我看来都比我重要。

单调。故事

倘若晚上你似乎终于下决心待在家里了，穿上了睡袍，坐在点着灯的桌旁吃晚餐，打算做工作或玩游戏，在结束之后习惯性地去睡觉，如果外面的天气令人不快，就让在家待着变得理所应当，这时，就算你已经在桌旁静静地待了那么久，突然离开还是不仅会引起父亲的恼怒，还会让大家吃惊，就算此时楼梯间已经黑了，而且房门已经锁上，倘若你不顾一切，突然不舒服地站起来，换上上街的衣服出现，解释说不得不离开，匆匆道了别就离开了，在你迅速关上房门并且以此阻断了大家对你离开的讨论之后，你相信多少会留下一些不愉快，当你在街上重新找回自己时，你的四肢以特有的灵活来回报你为它们创造的出乎意料的自由，当你感到通过这个决定唤醒了体内所有的决断力时，当你在超凡的意义中认识到，你拥有比轻松引发并承受最迅速转变的需求更大的力量，你独自泰然自若地在理智和宁静以及在享受它们的过程中成长起来，那么，对这个夜晚而言，你就这样彻底走出了你的家庭，这是别人通过最远途的旅行也无法彻底做到的，而且你已经有了一次经历，因为这次欧洲的经历是极度孤独的，所以只能称它是俄罗斯式的。如果你在这个深夜去探望一位朋友，去看看他过得怎么样，那么它还会变得更强。

韦尔奇被邀请去参加克卢格女士的义演。勒维头痛得厉害，这很可能是一种严重的头痛病，他在下面的街道上等我，右手绝望地撑着额头，靠在一面墙上。我把他指给韦尔奇看，韦尔奇从长沙发上起来，向窗户那边俯过身去。我平生第一次以这

样一种轻松的方式从窗户里观察下面街道上一件与我密切相关的事情。这种观察本身对我而言，从夏洛克·福尔摩斯那里已经熟知。

1912年1月6日

昨天看法伊曼的《总督》。在这些片段中，我失去了对犹太人风俗的敏锐感知力，因为它们太千篇一律了，而且这种敏锐的感知力退化成一种以零星的、较为猛烈的爆发为荣的悲叹。在最初的几个片段中我会想到，我陷入了一种犹太教特性中，我自己的本源就在这种风俗里，并且进化成了我，由此在我笨拙的犹太教特性中启发我、带领我继续前进，然而事实并非如此，我听到的越多，我的本源就越远离我。这些人当然还在那里，而且我要找他们谈话。——克卢格女士在做义演，因此唱了几支新歌，开了几个玩笑。但是，我只是在她唱开场曲目的时候对她印象深刻。后来，我与她外观上的每个细节都有着最密切的联系：与她唱歌时伸展的手臂和轻轻弹动的手指，与那卷得牢牢的鬓发，与马甲下面平坦、洁白的薄衬衫，与那曾经在听笑话时噘起的下唇（你们看，所有语言我都懂，但我就用意第绪语），与那胖乎乎的小脚，这双裹在白色厚长筒袜里的脚连脚趾后面都被紧紧地束缚在鞋子里。但是，昨天她唱的新歌削弱了她对我产生的主要作用，这个作用就是，一个人炫耀他在这里找出了几个笑话和几首歌曲，而这些东西能淋漓尽致地展现出他的脾性和他的全部力量。因为演出成功了，所以一切都成功了，因此我们也乐于让这个人时常对我们产生一些影响，那么我们当然不会——在这方面也许所有听众与我的看法一致——为不断重复同样的歌曲所困扰，我们更愿意将这看作像比如把大厅变暗这种用来唤起注意力的手段，也更愿意从这个女人身上发现我们正在寻找的那种无畏和自信。因此，当新歌出现时，这新歌并没有给克卢格女士带来什么新鲜感，因为过去的那些歌曲已经十分完美地完成了它们的使命，所以当这些歌曲要求人们把它们当作歌曲来关注时，这是毫无道理的，当它们以这种方式分散了克卢格女士的注意力，同时却表明，这些歌曲也让她感觉不舒服，致使她时而做出错误、夸张的表情和动作时，人们肯定会恼火，唯一的慰藉是，对她过去完美表演的记忆因其不可动摇的真实性而坚不可摧，因而不会被眼前的景象破坏。

1912年1月7日

遗憾的是，奇西克女士扮演的总是只表现她本性的精髓的角色，她总是扮演受到打击而变得不幸的、被嘲讽、被侮辱、感情受伤的妇女或姑娘，但是这些角色并没有被给予足够的时间来顺其自然地发展其本性。人们从她突然爆发出的、与生俱来的力量上看出她具备什么样的能力，她用这种与生俱来的力量扮演每一个角色，这些角色只有在表演中才达到高潮，相反，由于这些角色对丰富性有要求，因此在剧本里就只是影射而已。——她的一个重要的动作是抖动她那有些僵硬的、撅起的臀部。她的小女儿似乎有一个完全僵硬的臀部。——当演员们相互拥抱时，会紧紧抓住对方的假发。——不久前我和勒维上楼去他的房间时，他要在那里给我朗读他写给那位华沙作家诺姆伯尔特的信，那时我们在楼梯平台上碰见了奇西克夫妇。他们穿着《科尔·尼德莱》的戏服，看上去就像用薄棉纸包裹的发酵面包一样。他们上楼向房间走去。我们停留了一会儿。我将双手撑在栏杆上，话语的重音也由它支撑。她的大嘴一直在动，而且离我那么近，呈现出惊人却自然的形状。这段谈话恐怕会因为我的过错而变得没有希望，因为我一味匆忙地表达出所有的爱意和忠诚。我只能断定，剧团的生意变得不景气了，她的所有剧目已经穷尽，因此她不可能再久留，另外布拉格的犹太人对他们不感兴趣这一点是令人费解的。星期一，我应该——她这么请求我——去看《萨依德之夜》，尽管我已经知道这部剧了。然后我将听到她唱那首歌（《以色列的创造者》），这是我特别喜欢的一首歌，正如她在一个旧时的评论中所记起的那样。

昨天下午在垄沟上，我和马克斯、韦尔奇看到了我们很少看见的夜景，因为我们白天很少一起散步。

"耶施韦"是犹太教高等学府，由波兰和俄罗斯的许多教区供养。花销并不是很大，因为这些学校大多数被安置在废弃的旧楼里，除了学生的教室和寝室外，一般施教者及其助手的住所也在这里，他一般也为教区提供服务。学生不用交学费，轮流在教区成员们家里吃饭。尽管这些学校是以最虔诚的信仰为基础建立的，但是它们恰恰是背信教义的发源地。这里聚集着远道而来的年轻人，他们恰恰也是穷人，精力充沛的人，他们离家逐梦，因为这里的监管并不十分严格，年轻人在这里互相帮助，共同学习学业中最重要的部分并相互切磋疑难之处。这些来自不同故乡的学生有着相同的、无须特别说明的虔诚的信仰，而由于他们故乡之间不同的关系，受到压制的进步之事又以极为多样的方式兴起或衰落，所以这里始终有许多话题可谈。此外，被禁止的进步文学作品总是散落到个别人的手中，而在"耶施韦"，这些作品从四面八方汇聚起来，并且能在这里产生特别大的影响，因为每个人传递的不仅仅是文章，还有自己的光芒。由于上述这一切，在过去一段时间里，所有进步的诗人、政治家、记者和学者都从这些学校产生。由此，一方面，这些学校的声望在虔诚的信徒当中已经极度恶化，另一方面，有进步思想的年轻人越来越多地涌向这些学校。——一所著名的"耶施韦"在奥斯特罗，距离华沙有8小时火车车程的一个小地方。整个奥斯特罗实际上只是环绕在很短一段公路周围的边缘部分。勒维说它跟手杖一样长。有一次，一位伯爵乘着他的四驾旅游马车在奥斯特罗停留的时候，前面的两匹马和马车尾部已经在奥斯特罗之外了。——勒维在大约14岁时，似乎不堪忍受家庭生活的束缚，决心去奥斯特罗。当他傍晚离开克洛斯的时候，父亲拍了拍他的肩膀，敷衍地说道，他以后会去看他，他有话要对他说。勒维觉得，这里除了指责之外，显然已经没有什么可期待的了。那是星期六的晚上，勒维直接从克洛斯去了火车站，没带行李，穿着一件稍好一点的长袍，带着他身上所有的钱，他要乘坐晚上10点的火车去奥斯特罗，早上7点到达那里。下车后他直接去了"耶施韦"，在那里他没有引起特别的轰动，因为谁都可以进入"耶施韦"，那里没有什么特别的录取条件。唯一引人注意的恰是在这个时间——那是个夏天——他要来这儿上学，而且因为他穿着一件不错的长袍，这并不常见。但是人们很快便接受了，因为这些人是那样年轻，以一种我们不知道的力量，通过他们的犹太教特性相互融合，彼此很容易熟悉起来。勒维在学习中表现出色，因为他从家里就带来了不少知识。他喜欢跟年轻人聊天，尤其是当所有人听闻他有钱，围着他让买这买那的时候。有人想卖"日票"给他，这让他特别惊讶。"日票"代表免费午餐。"日票"之所以成为一种可售卖的物品，是因为教区成员只是想做一件上帝喜欢的事而已，在提供免费午餐时不会因人而异，谁坐在他们桌旁都无所谓。如果某个大学生特别机灵，他可能会在一天中为自己成功搞到两顿免费午餐。他可以更好地享受两顿午餐，因为这午餐并不十分丰盛，吃完一份之后，还可以带着大大的欢喜吃下第二份；当然也有这种可能，就是虽然一天中分配了两顿饭，但其他日子可能一顿都没有。尽管如此，当人们发现有机会能够将一顿超额的免费午餐卖出去时，也仍然会高兴。

现在，有一个像勒维这样的人来了，这时候免费午餐早已派光了，因为一开始多出来的免费午餐都被投机者霸占了，想得到的话只能购买——"耶施韦"的夜晚是无法忍受的。虽然因为夜里暖和，全部窗子都开着，但是由于这些学生们没有真正的床，他们也不脱衣服，就在最后坐的地方，穿着汗涔涔的衣服躺下就睡，房间里的臭味和闷热无法散出去。到处都是跳蚤。早晨，每个人都只是胡乱用水打湿手和脸，然后又开始学习。他们大部分是一起学习，通常两人学一本书。辩论经常将几个人连成一个圈子。施教者只是偶尔解释一下最难的地方。尽管勒维后来——他在奥斯特罗待了十天，不过睡觉和吃饭都在旅店——找到了两个志同道合的朋友（这种朋友很难找到，因为人们肯定要小心翼翼地试探对方的态度和可信度），但他还是很想回家，因为他已经习惯了井井有条的生活，而且因为想家也坚持不下去了。

大房间里有玩牌的吵闹声，后来是父亲在平常健康的状态时发出的喧哗声，就如同今天这种虽然没什么连贯性却很大声的聊天。这些话只显示出一种肆意喧哗的小小紧张。小菲利克斯睡在女孩们的房间里，房门是大开的。另一边是我的房间，我睡在那里。考虑到我的年纪，这个房间的门是关上的。此外，敞开的门表示，人们还想吸引菲利克斯回家，而我已经被隔离在外了。

昨天在鲍姆那里。施特罗布尔本该来的，但却在剧院。鲍姆读了一篇小品文《关于民歌》。差劲。然后读《命运的游戏和严肃》的一章。非常棒。我漠不关心，情绪不佳，得不出整体的纯粹印象。在回家路上，马克斯在雨中向我讲述了《伊尔马·波拉克》的当前计划。我不能承认我的状态，因为马克斯从未真正认可过它。因此，我必须不坦率，这最终败坏了我对一切事物的兴趣。我是那么痛苦，所以我宁愿跟马克斯说话，那时他的脸在黑暗中，尽管后来我在亮处的脸可能容易暴露自己。但是，后来这部小说的神秘结局越过一切阻碍打动了我。在告别之后回家的路上，我为我的虚伪而懊悔，为这虚伪的不可避免而痛苦。打算编一本关于我和马克斯关系的小册子。那些没有写下来的东西在眼前闪动，偶然看到的东西决定了整体评价。

我躺在长沙发上时，旁边两个屋子里有人大声地跟我说话，左边只有女人的声音，右边更多的是男人的声音，我产生了这样的印象，这是些粗鄙的、低下的、无法平静下来的人，他们不知道自己在说些什么，说话只是为了让空气流动，他们在说话时抬起脸，目光追随着他们说出来的词句。

这个下着雨的、平静的星期天就这样过去了，我坐在卧室里，享受着安宁，但是，我没有下决心去写作，前天我本想要全身心投入到写作中去，而此刻我盯着自己的手指看了好一会儿。我想我这个星期完全被歌德影响了，这种影响的力量恰好耗尽，因此变得无用了。

摘自罗森菲尔德的一首描述海上风暴的诗："灵魂在飘动，躯体在颤抖。"勒维在吟咏这个诗句时，额头和鼻根的皮肤在抽搐，就像人们以为只有手才会有的那种抽搐的样子。在最动人心弦的地方，就是他想要别人了解的地方，他便会靠近我们，或者更确切地说，他通过使他眼前的景象更加清晰来放大自己。他只往前站了一点儿，瞪大眼睛，用那只心不在焉的左手拽了拽外衣，将摊开并且张得大大的右手伸向我们。我们就算没被打动，也应该承认他的感动之情，并且向他说明所描述的不幸是可能发生的。

我应该裸体站在画家阿舍尔面前，当一个神圣的塞巴斯蒂安模特。

让我高兴的事我一点儿都没写下,如果现在我在夜里回到亲戚那里,那么在他们眼里我不会比在我自己眼里更陌生、可鄙、无用。当然,这一切只是我的感觉(它不会被如此仔细的观察所欺骗),事实上他们所有人都尊重我,而且也爱我。

1912年1月24日　星期三

这么久没有写作的原因如下:我对我的上司感到恼怒,通过一封书信才解决此事;我去了工厂好几次;读了皮内兹的《意第绪语文学史》,500页,而且读得贪婪,我在读类似书籍时还从未曾如此透彻、迫切和喜悦过;现在我正在读弗罗默的《犹太教组织》;我和犹太演员们有许多事情要做,我为他们写信,譬如为犹太复国主义协会询问波西米亚的协会是否需要剧团的客座演出,我也写了必要的通告,并且让人把它复印出来;又看了一次《苏拉米特》和一次里希特的《赫尔策勒·梅利歇斯》,参加了在巴尔·科赫巴协会的民歌晚会,前天看了施密特伯恩的《冯·格莱辛伯爵》。

民歌晚会:纳坦·比恩鲍姆博士做演讲。东欧犹太人的习惯是,在讲话停顿的地方,用"我尊敬的女士们和先生们"或者只用"我尊敬的人们"来填补。比恩鲍姆在讲话开头时的重复使他变得可笑。但是,就我对勒维的了解,我相信这些固定词组，譬如在东欧犹太人日常对话中常常出现的用语"我真痛苦啊！"或"不是的"或"这儿还有很多要说的"，应该不是用来掩饰尴尬的，而是作为永远新鲜的源泉，来激发那种对东欧犹太人脾性来说总是过于笨重的语流的。在比恩鲍姆那儿却不是这样。

1912年1月26日

——韦尔奇先生的背部和倾听蹩脚诗歌时整个大厅的寂静。——比恩鲍姆：微长的发型，在脖子处猛然剪断，脖子因为突然这样暴露出来或自身的缘故显得非常笔挺。又大又弯、不十分细长、两侧却宽大的鼻子，主要因为跟大胡子的比例不错，因而看上去是漂亮的。——歌唱家戈拉兰宁。平和的、甜美的、迷人的、高傲的、被皱起的鼻子顶起来的微笑，在向一旁垂下的脸上撑了许久，但这也可能只是口技的一部分。——

皮内兹:《意第绪语文学史》。巴黎，1911

〈……〉

他们通过行话与在荷兰的兄弟们保持联系。

第一本书，1507，威尼斯，博沃迈斯，一部英文小说的译本。

《塞纳－乌雷纳》①，出自雅各布·本·伊萨克，来自亚努夫（1628年在布拉格逝世）的《传奇》《女书》，非常精彩

民歌：（叶夫列伊斯基亚·纳罗德尼娅的歌声，俄罗斯，金诗伯和马雷克，1901）

〈……〉

践踏正义之母

   军歌：

有人剪掉了我们的胡须和鬓发

有人禁止我们庆祝安息日和圣日。

   或者

我在五岁时就已经进入"犹太儿童宗教学校"，现在我应该在马上驰骋！

我们是什么，我们是

我们只是犹太人

哈斯卡拉，19世纪初由门德尔松引入的思潮，其追随者被称为马斯基尔，反对意第绪语，倾向于希伯来和欧洲的科学。

---

① 此为《摩西五经》古意第绪语的意译。——译者注

在1881年大屠杀之前它还不是民族主义，后来变成了强烈的犹太复国主义。戈登阐述了基本原则："在家是犹太人，在外是普通人。"为传播哈斯卡拉的思想，它必须使用意第绪语，它那么讨厌意第绪语，还是用意第绪语为其文学奠定了基础

最受欢迎的书籍之一《哥伦布》，沙伊凯乐·赫尔维茨·德乌曼所作。一本德语书的译本。哈斯卡拉的进一步目标是"反对哈希德主义，颂扬教育和体力劳动"。莱文森，阿克森菲尔德，埃廷格

《巴德辛，悲惨的民间歌手和婚礼歌手》（埃利亚库姆·从泽尔）犹太教法典的思路

民间小说：艾斯伊克·迈尔·迪克，1808—1894，启发式的，哈斯卡拉式的，朔默尔，更甚之

标题，如包工头，一部极为有趣的小说。生活的真实面目或《钢铁般的女人或被卖的孩子。一部极美的小说》①

还有在美国分册发表的小说《在食人者之间》，26卷

S.J.阿布拉莫维奇（门德尔·莫赫尔·斯弗利姆），抒情诗般，压抑的快乐，模糊的结构，《弯的鱼》（东欧犹太人咬嘴唇的习惯）

J.J.利涅斯基《波兰小伙儿》

1881年，哈斯卡拉运动结束。新的民族主义和民主化。意第绪语文学的繁荣。

S.弗鲁格，抒情诗人，不惜任何代价在乡村生活

---

① 原文此处写法即如此。——译者注

美妙的是主在他的房间里安睡
柔软的枕头上，洁白如雪
但更美妙的仍是在田野里休息
新鲜的干草
在晚上，下班之后

犹太教法典：他，中断了学业，是为了说一句，这棵树是多么漂亮啊，他该死

在寺庙西墙上悲叹。

诗歌:《寺僧的女儿》

亲爱的拉比在临终的床上。将符合拉比身形的柩衣下葬，其他的神秘手段都无济于事。因此，教区的长老们夜里拿着一张清单，挨家挨户地去收集教区成员们为拉比放弃数天或数周生命的声明。寺僧的女儿黛博拉献出了她的一生。她死了，拉比康复了。当他夜里独自在犹太教堂里学习时，他听见黛博拉整个被压抑的一生的声音。她婚礼上的歌声，分娩时的叫喊声，摇篮曲，儿子学习《摩西五经》的声音，女儿婚礼上的音乐。同时，当挽歌在她的尸体上响起，这位拉比也死去了。

佩雷斯，生于 1851 年，蹩脚的海涅抒情诗和社会诗

<u>罗森菲尔德</u>，可怜的意第绪语观众通过募捐来保障他的生存

M. 斯佩克托尔：比迪克更好，社会和国家利益

米克维的灭亡摧毁了这个
教区　　　　　　　　　　　　　　探讨
雅各布·迪那森：他的恶棍　　　更高层次的主题
将得到更好的回报。令人作呕

<u>S. 拉比诺维奇</u>（肖洛姆－阿莱赫姆）

生于1859年。意第绪语文学作品里盛大周年庆典的习俗

卡什利列维克，米那希姆·门德尔，他带着他的全部财产离开了。尽管迄今为止他只学过犹太教法典，但还是开始在大城市的交易所里投机，每天都做不同的决定，而且总是很自鸣得意地向他的妻子报告这些情况；直到最后他不得不讨要旅费

普林节，犹太人居住的城区里都是面具

佩雷斯

《巴特兰》中的人物，常常在犹太人区，厌恶劳动，因为懒散而变得聪明，生活在虔信者和学者的圈子里。他们有许多不幸的征兆，因为他们是年轻人，在享受游手好闲的日子时，也在其中受着煎熬，生活在梦幻之中，生活在未得到满足的欲望释放的力量之下。

迈扎特·涅奇科因吻而死：只留给最虔信的人

巴尔谢姆，在他当上米泽波茨的拉比之前，他在喀尔巴阡山脉以蔬菜园丁的身份生活，后来成了他妹夫的马车夫。在寂寞地散步时，启示降临在他身上。佐哈尔"卡巴拉人士的《圣经》"

犹太剧院，1780年，法兰克福普林节戏剧

一种相当新奇的亚哈随鲁游戏

亚伯拉罕·戈德法登，1876年、1877年俄土战争，俄罗斯和加利西亚的军队供应商在布加勒斯特聚首，戈德法登也在寻求功绩的路上迷失在这里，他听见咖啡馆的观众吟唱意第绪语歌曲，获得了创办剧院的勇气。在这里他还不能把女人们带上舞台。1883年意第绪语演出在俄罗斯被禁。1884年他们开始在伦敦和纽约演出（会拉丁文的霍罗威茨）

J.戈尔丁，1897年，在纽约的犹太剧院周年出版物上：意第绪语戏剧有成千上万的观众，但是，只要大多数作家都是像我这样的人，像我一样孑然一身避世而居，他们意外地成了戏剧作家，只是受生活所迫才写剧本，并且只看得到自己周围的无知、嫉妒、敌意和憎恨，就别指望会出现一位有伟大天赋的作家。

贝克尔曼（作家），《克雷默人吉提尔》，一部非常有趣的小说，读者非常满意，维尔纳，1898年

传教书：古代先知的证明，弥赛亚已经到来，1819年，伦敦

1912年1月31日

什么都没写。韦尔奇给我带了几本关于歌德的书,这些书给我带来了使我精神涣散的、在任何地方都用不上的激动情绪。计划写一篇文章《歌德的惊人本质》。害怕两小时的夜间散步,而我现在已经开始了。

1912年2月4日

三天前看韦德金德的《土地神》。

韦德金德和他的妻子蒂利一起出演。那女人声音清亮刺耳。有一张细长的、月牙形的脸。静静站立时,一条小腿向一侧叉开。人们对这场演出记忆犹新,因而从容自信地走回家去。彻底扎根却依然陌生的矛盾印象。

当时我去剧院的时候感觉挺好。我品尝着内心,如蜜般甜美。我将它一口气饮下。在剧院里,它便立刻消失了。顺便提一下上次的晚间剧场:帕伦贝格出演《地狱里的俄耳甫斯》。演出很糟糕,我在前排站席被很吵的掌声和笑声包围,所以我只想到这个办法来帮自己,就是在第二幕之后跑掉,这样一切就静下来了。

前天因为勒维的一场特约演出给陶特瑙写了一封不错的信。每次读这封信都能使我平心静气且精力充沛,里面有那么多未说出口的、有关我心里所有美好的东西。

我以贯穿全身的热情拜读与歌德有关的书(《歌德谈话录》《学生时代》《与歌德一起的时光》《歌德在法兰克福停留的日子》),而这热情妨碍了我的每一次写作。

施默勒,商人,32岁,无宗教信仰,学过哲学,对美好文学作品的兴趣主要也仅局限于与他写作相关的范围内。圆头圆脑,眼珠漆黑,小胡子充满活力,脸颊上的肉结结实实,身材敦实。从早上9点学习到次日凌晨1点。出生于斯坦尼斯拉夫,是希伯来语和意第绪语的专家。跟一个只因为相当圆的脸型而给人留下目光短浅的印象的女人结了婚。

两天以来我对勒维都冷冰冰的。他问我原因。我否认了这一点。

在《土地神》幕间时,与奇西克女士在顶层楼座上进行了安静、隐秘的交谈。要达到良好交谈的目的,必须正式地、更深入、更轻巧、更不动声色地把手伸到要谈的话题下面去,然后才能令人惊奇地将它抬起。否则就会折断手指,除了疼痛什

么也想不到。

故事：晚上散步。（快速行走的发明）漂亮的入门暗室。

陶西希小姐讲述她的新故事的一个场景。在这个场景里，有一位名声不好的姑娘进入了缝纫学校。这是给其他姑娘留下的印象。我的意思是，她们会同情这样一些人，他们明确意识到自己有获得不良声誉的能力和欲望，同时也能直接想象到自己会陷入怎样的一种不幸，是这个意思。

一个星期前，泰尔哈伯博士在犹太市政厅大礼堂里就德国犹太人的没落发表演讲。这种没落是势不可挡了，因为1）如果犹太人聚居在城市中，那么犹太人的乡村教区就会消失。对利益的追逐耗尽了他们的精力。缔结婚姻只是出于供养新娘的考虑。二孩制度。

2）异族通婚。3）洗礼。

滑稽的场景，埃伦费尔斯教授，那个越来越英俊的人，灯光下光秃秃的脑袋在一个哈气形成的轮廓里向上勾勒出一道界线，他双手交叠并相互挤压，饱满的声音像一种变调的乐器，对集会充满信心，微笑着替混合人种说话。

1912年2月5日　星期一

疲惫，也不读《诗与真》了。我对外强硬，内心冰冷。今天我去弗莱施曼博士那里，虽然我们的碰面是慢慢地经过深思熟虑决定的，但当我们走到一起时，就像两只气球碰撞在一起，将对方弹了回去，自己也失去控制，迷失了方向。我问他累不累。他不累。我为什么要问？我累了。我答道，并坐了下来。

要从这样一种状况中振作起来，借助意愿的力量，本应该是轻而易举的。我从沙发里挣脱，绕着桌子大步跑，活动头和脖子，把光亮带进眼睛里，收紧眼睛四周的肌肉。我跟每一种感觉作对，要是勒维现在来的话，我会热烈欢迎他，我会和善地容许我妹妹在我写作时待在我房间里，我会不管痛苦和疲惫把在马克斯那里所说的一切慢慢地放进我的心里。现在，虽然我有可能在上述的个别事情上完全取得成功，但是每一个明显的错误——这是不可避免的——都必定会使全部事情，不论难易都停下来，而我将不得不在这个循环中转回去。所以最好的建议是，尽可能平心静气地接受一切，表现得像笨拙的群众，人们会有种自己被吹走的感觉，别被骗去走不必要的路，用动

物般敏锐的目光观察其他人，不觉得后悔，沉浸在人们认为遥远的无意识状态里，尽管人们刚刚因为随意摆放那笨拙的、无法摆动的四肢而吃了苦头，简言之，作为幽灵亲手将生命里多余的东西压下去，也就是说，还要让最后一丝坟墓般的宁静增多，而且不允许除此之外的任何东西存在。这种状况的一个标志是小拇指拂过眉毛上方。

昨天和勒维一起在城市咖啡馆，短暂的昏厥。在一份报纸上方俯下身子，以便掩盖昏厥的事。

歌德漂亮的全身剪影。在看这个完美的人体时，顺便形成了一种令人反感的印象，因为很难想象如何超越这种水平，而这水平看上去只是偶然拼凑起来的。直立的姿势，垂下的手臂，细长的脖子，弯曲的膝盖。

我的虚弱无力引发了不耐烦和悲伤，它们赖以生存的基础，是从未离开过我视线的未来的图景，这未来已经为我准备好了，在怎样的夜晚，怎样散步，怎样绝望地躺在床上和长沙发上。

1912年2月7日

我所面临的，比我已经克服了的更糟糕！

昨天在工厂里。姑娘们穿着她们无法忍受的脏兮兮、松垮垮的衣服，顶着像刚睡醒一样蓬乱的发型，面部表情因为传送装置不断发出的噪声和个别虽是自动化但无法预料何时会出故障的机器而固定不变。她们不是人，没人跟她们打招呼，要是有人撞到了她们，也不会道歉，谁叫她们做什么，她们就做什么，但是做完会立刻回到机器跟前。人们晃一下头来示意她们应该做什么，她们穿着裙子站在那里，留给她们的权力少得可怜，她们甚至连足够冷静的判断力都没有，她们用目光和鞠躬去认同这些权力，并且将自己变得顺从。但是一到6点钟，她们就彼此呼唤，解开脖子和头发上的帕子，用刷子掸掉身上的灰尘。这把刷子在整个厂房里传来传去，不耐烦的人会喊着要它。她们把裙子拉到头顶上脱掉，将双手洗得要多干净有多干净，这样一来，她们终于变成女人了。虽然面色苍白，牙齿不好，但是她们可以微笑，摇晃一下僵硬的身体，人们再也不能冲撞她们、盯着她们或者忽视她们了。为了给她们让路，人们挤缩在油腻的箱子上，若她们道一声晚安，人们便将帽子拿在手中，若她们中的一个拿起冬衣准备让我们穿上，我们便不知该如何接受。

1912年2月8日

歌德：我对创作的喜爱是无止境的。

我变得更焦虑、更脆弱，也失去了几年前我引以为傲的镇静。今天，我收到了鲍姆的明信片，他在上面写道，他不能在东欧犹太之夜演讲了，因此我明白自己必须接手这件事情，于是我沉浸在一种无法控制的抽搐之中，脉搏的敲击就像小小的火苗沿着身体跳动。我坐着，膝盖在桌子下面颤抖，我不得不将双手相互压紧。是的，我会做一次精彩的演讲，这是肯定的，这种上升到极限的焦虑在这个夜晚使我如此紧绷，甚至连不安的余地也没有了，演讲将会从我口中径直出来，就像从枪膛里射出子弹一样。不过，有可能我会在这之后倒下，无论如何会有很长一段时间无法克服它。体力如此之弱！甚至连这些话也是在这种虚弱的状态下写出来的。

昨天晚上和勒维在鲍姆那里。我活力四射。不久前勒维在鲍姆那里翻译了一则蹩脚的希伯来故事《眼睛》。

1912年2月13日

我开始为勒维的演讲会写演讲稿。演讲会就在星期天，18号。我没有很多时间去准备，像在歌剧院一样在这儿吟咏一首宣叙调。因为一种不间断的兴奋从几天前开始就已经在折磨我，我在实际开始之前半途折回，只想给自己写下几句话，好让自己先稍微开个头，站到公众面前去。随着句子中词语的交替变化，我的身体里也是冷热交替，我幻想着韵律上的起伏，我朗诵歌德的句子，就像用整个身体去巡视那些重音一般。

1912年2月25日

从今天起坚持写日记！定期写！不放弃！即使救赎不降临，我也要每时每刻都配得上它。今夜家庭餐桌旁，我在完全的漠然中度过，右手靠在旁边玩牌的妹妹的椅子扶手上，左手虚弱无力地放在大腿上。我不时地想要搞清楚自己的不幸，但几乎没有成功过。

这么长时间我什么都没写出来，因为1912年2月18日在犹太市政厅大礼堂里举办了一场勒维的演讲晚会，我在上面做了一个关于意第绪语的小型开场演讲。两个星期我都生活在焦虑之中，因为不能完成演讲稿。在演讲前的晚上我突然成功了。为演讲做的准备：同巴尔·科赫巴协会的会议，节目编排，入场券，大厅，座位编号，钢琴钥匙（汤因比大厅），升高的讲台，钢琴演奏者，服装，售票，报纸简讯，警察和宗教团体的监察人员。我去过的地方，我说过话或写过信的人：大致情况：和马克斯一起，和在我这里的施默勒一起，和最先接管这个演讲会后来又推掉的鲍姆一起，我专门为此事用了一个晚上又改变了他的主意，但第二天他又用一张气动邮政卡片回绝了此事，和雨果·赫尔曼博士及莱奥·赫尔曼在阿尔科咖啡馆，经常和罗伯特·韦尔奇在他的住处，由于售票的事和布洛赫博士（徒劳）、汉策尔博士、弗莱施曼博士一起，拜访陶西希小姐，在阿菲克·耶户达演讲（艾伦特洛伊尔拉比在社交聚会上讲述耶利米亚和他的时代，后来做了一段关于勒维的短暂而失败的讲话），在魏斯老师那里（后来在咖啡馆，再后来去散步，从12点到下午1点，他像只动物一样生龙活虎地站在我的房门前不让我进去）。由于大厅的事情去卡尔·本迪纳博士那里，在市政厅走廊里和这位年迈的本迪纳博士一起，两次去利贝斯在霍伊瓦格广场的住处，一次去在银行的奥托·皮克那里，由于钢琴钥匙的事情去汤因比大厅，和罗比奇克先生及斯蒂亚斯尼老师一起，然后在斯蒂亚斯尼那里拿到钥匙，并且再把它还回去，由于讲台的事情和市政厅的管理员与勤杂工一起，由于付款问题去市政厅办公厅（两次），由于销售事宜在"摆好的餐桌"展览会上见弗罗因德女士。

写了信：给陶西希小姐，给奥托·克莱因（无济于事），为日报（无济于事）给勒维（"我将无法做这个报告，您救救我！"）。兴奋：由于这个演讲一晚上在床上辗转反侧，燥热无眠，憎恨布洛赫博士，害怕韦尔奇（他将卖不出去任何东西）。阿菲克·耶户达，报纸上登出的简讯并不像人们期待的那样，在办公室里心不在焉，讲台没有升高，入场券卖得少，入场券的颜色让我兴奋，演讲不得不中断，因为钢琴演奏者把乐谱忘在科希尔的家里了，对勒维的诸多冷漠，几乎是厌恶。

好处：喜欢勒维并且信任他，在我演讲时那骄傲的、超凡的意识（对观众冷淡，只是缺乏训练阻碍了我自由地做出兴奋的动作），洪亮的声音，毫不费力的记忆，赞赏，但首先是一种力量，我用这种力量大声地、明确地、坚定地、无可指摘地、不间断地、目光敏锐地、几乎是顺带为之地压制住了那三个市政厅勤杂工的放肆言行，他们要12克朗，但我只给了他们6克朗，而这些人还是一副大老爷的样子。这时显露出来的力量，我很想将自己托付给它，要是它愿意留下来该多好。（我的父母当时不在那里。）

此外：索芬岛上的赫尔德协会研究院。比厄随着演讲的开始把一只手揣进裤兜。那些随他们的心意工作的人们在一切假象之下露出满意的表情。霍夫曼斯塔尔用嗓音中的假声朗读。耳朵紧贴着脑袋，由此开始显现出浓缩的身材。维森塔尔。那美丽的跳舞场地，例如，在向后倒地的动作中显示出了自然的身体重力。

对汤因比大厅的印象。

犹太复国主义集会。布卢门菲德。世界犹太复国主义组织的秘书

在我的自我思量中,最近一段时间以来出现了一种新的正在增强的力量,我现在才认出它来,因为上一星期我简直要在悲伤和无用之中消融了。

阿尔科咖啡馆里的年轻人当中有一种不断变化的情绪。

1912年2月26日

更好的自我意识。心跳离心愿更近。煤气灯在我头上嗞嗞作响。

我打开房门,想看看天气是不是诱人去散步。不可否认,天是蓝的,但是大片透着蓝色微光的灰色云朵在低空飘浮着,弯曲的边缘形如鳃盖,好像在近处的森林小丘上就能测量它们一样。尽管如此,这条街上还是挤满了外出散步的人。母亲的手牢牢地抓着婴儿车。不时会有一辆马车停在人群中,等待着,直到人们在上蹿下跳的马匹前向旁边避让。在此期间,御马人向前望了望,气定神闲地抓着抖动的缰绳,事无巨细地把一切都检查个好几遍,而后再重新驱动马车。即便空间如此之小,孩子们还是能到处跑。姑娘们穿着轻便的衣裳,戴着颜色像邮票一样醒目的帽子,挽着年轻男子的手臂漫步,压抑在喉咙里的旋律从她们腿上的舞步中显现出来。家人们有时聚在一起,有时也会分散成一个长队,这样回头看到伸开的胳膊、摆动的双手,就容易喊出昵称,将走散的家人再聚起来。被独立出来的男人们试图让自己更加与世隔绝,于是将双手插进口袋。这是狭隘的愚蠢。我先是站在门前,然后倚在门上,好更从容地观望。衣服从我身边擦过,有一次,我抓住一条女裙后面的装饰带,让它随着那个远去的人从我手中滑落;有一次,我轻抚一位姑娘的肩头,只为了讨得她的喜欢,后面的路人却打了我的手指。但是我把他拽到一扇闩上的门后面,我的指责就是举起双手,用眼角斜视,朝他迈近一步,再迈回一步。他是幸运的,我只是猛推一把就让他离开了。当然,我从现在起常常把人唤来我身边,只需要勾一勾手指示意一下,或者做出一个

"快点儿,不许迟疑"的眼神就够了。

在一种像是毫不费力就能睡着的状态里,我写下了这些无用的、不成熟的东西。

今天我给勒维写信。我在这里为他写下这些信,因为我希望用它们来得到一些东西:
亲爱的朋友

1912年2月27日
我没有时间将那些信写两遍。

昨天晚上10点,我迈着悲伤的脚步沿着策尔特纳街道往下走。在赫斯帽子店附近,一名年轻男子站在我侧前方三步远的地方,于是我也立住了,他脱下帽子,然后朝我跑来。一开始我吃惊地向后退,先是想,若是有人想知道去火车站怎么走,为什么要用这种方式呢?后来我想,由于我比较高,当时他秘

密地靠近我,从下往上看向我的脸,也许是想要钱或者要其他更过分的东西。我听得糊涂,他讲得糊涂,两者混杂在一起了。"您是法学家,对吗博士?可否请您给我一个建议?我有一件事,需要找一位律师。"出于慎重、猜疑和顾虑,我可能会出洋相,我拒绝承认自己是法学家,但是准备给他出个主意,那是什么呢?他开始讲述,这引起了我的兴趣,为了增加信任感,我邀请他最好边走边跟我讲,他想要陪我走,不,我更愿意同他一起走,我没有特定的路线。

他是个优秀的朗诵者,以前的他远不如现在好,现在他已经能模仿凯因茨了,没人能将他们的声音分辨开来。有人会说,他只是模仿他,但是他的确也有许多自己的东西。虽然他个子小,却有着与凯因茨相像的表情、记忆、举止,一切的一切。他说,在米洛维茨外的军营服役期间,一位同伴唱了歌,他们着实聊得非常好。那是一段美好的时光。他最喜欢朗诵《德默尔》,例如关于那位幻想新婚之夜的新娘的激情的、轻佻的诗歌。他在朗诵这首诗时,会给特别是那些姑娘们留下极深的印象。这确实是理所当然的。他将这本《德默尔》装订得十分漂亮,包着红色的书皮。(他在描绘它的时候,双手向下移动。)不过装帧的确不是关键。此外,他还特别喜欢朗诵《利达姆斯》。不,这些彼此并不冲突,因为他已经在调和,并在此期间说着他突然想到的事情,戏弄一下观众。然后,在他的节目单上还有《普罗米修斯》。那时他不惧怕任何人,也不怕莫伊西。莫伊西喝酒,他不喝。最后他很想朗诵斯韦特·马腾的作品,这是一位北欧的新秀作家。非常优秀。这就是所谓的箴言诗和短格言。特别是关于拿破仑的箴言诗极其出众,不过所有关于其他伟大人物的也是如此。不,他从这里还朗诵不出任何东西,他还没研究过它,甚至还没有完整读过一遍,只是他的婶婶上次给他朗诵过,那时他就十分喜欢它了。

他要以这个节目单公开亮相,并愿意为"妇女进步"组织奉上一台朗诵晚会。他原本想先朗诵拉格尔勒夫的《庄园的故事》,并将这个故事借给"妇女进步"组织主席杜里格－沃德南斯基女士审阅。她说,这个故事确实很美,但是太长了,不适合朗诵。他意识到了这一点,确实太长了,特别是因为在这个别有用意的朗诵晚会上,他的兄弟还要弹奏钢琴。这位兄弟,21岁,一个非常可爱的小伙子,是一位知名艺术家,曾在柏林音乐学院待过两年(已经是四年前了),但是回来的时候已经彻底堕落了。原本也说不上堕落,但是供他膳食的女人爱上了他。后来他说道,他常常累得不能演奏,因为总是要为这口饭来回奔波。

那么,因为《庄园的故事》不合适,人们在其他节目——德默尔、利达姆斯、普罗米修斯和斯韦特·马腾上达成了一致。但是现在为了从头开始向杜里格女士展示他原本是什么样的人,他将一篇文章《生活的乐趣》的手稿拿给了她,这是他这年夏天在避暑地写成的,白天速记,晚上誊抄、润色、删减,不过实际上工作量也不大,因为他很快便成功了。倘若我要,他也会把它借给我看,虽然是故意写得很通俗,但是里面有好的思想,而且如人们所说,它是"贝达姆特"。(抬起下巴发出尖锐的笑声。)我的确可以在这里的电灯下翻阅它。(这是对青年人的要求,不要悲伤,因为还有自然、自由、歌德、席勒、莎士比亚、鲜花、昆虫等等。)杜里格女士说,她现在恰好没时间读它,不过他可以把它借给她,几天后她再将它还给他。他有所疑虑,不想把它留在那里。他抗拒地说,您看,杜里格女士,我为什么把它留在这里呢,这只是陈词滥调,的确写得不错,但是——一切都无济于事,他不得不将它留在那里。这是星期五。

1912年2月28日

星期天早晨洗漱的时候,他突然想起还没有读《日报》。他打开报纸,偶然间正好翻到第一页娱乐副刊。第一篇文章的标题《儿童创作者》引起了他的注意,他读了前几行——高兴地哭了起来。那是他的文章,每字每句都是他写的。这是他第一次有东西被刊印出来,他跑到母亲那儿说了这件事。如此喜悦!这位老妇人得了糖尿病,他父亲和她离了婚,顺便说一下,他是有理的。她是那么骄傲,一个儿子已经是知名艺术家了,现在另一个成了作家!

最初的兴奋劲儿过去之后,他在思考一件事情。这篇文章未经他的同意是怎么跑到报纸上的?而且没有作者署名,也没有得到稿酬?这是一种对信任的滥用,是一种诈骗。杜里格女士就是个魔鬼。女人没有灵魂,穆罕默德(经常重复地)说。人们的确容易想到,这是怎么被剽窃的。这是一篇美妙的文章,哪能立刻找到这样一篇文章。那就是杜里格女士去了日报社,和编辑坐在一起,两人都极为高兴,这时他们开始改编。改编是必须的,因为第一,不能让人一眼看出这是剽窃的作品;第二，对报纸版面来说这篇长达32页的文章太长了。

我问他能否给我指出几处相同的地方，大概因为这些会让我特别感兴趣，我也因此才能给他提出一个行为上的建议，于是他开始读他的文章，翻开另一个地方，浏览了一遍，没找到，不过最后说，所有的都是抄袭的。例如，报纸上写的是：孩子的心灵是一片空白的叶子，而"空白的叶子"在他的文章中也有出现。或者"被起绰号"这个表达也是抄袭，一般人怎么会想到"被起绰号"呢。但是有几个地方他无法做对比。虽然所有的都是抄袭，但因恰好做了修饰，用了另一种语序，也进行了删节，并用了一些陌生的小补充。

我大声朗读报纸上几处更引人注目的地方。这在文章中出现了吗？没有。这个呢？没有。这个呢？没有。可是正是这些地方被窜改了。在内核上，全部，全部都被剽窃了。但是我担心证明起来会很困难。他会在一位精明的律师的帮助下证明这一点，律师在这里就是起这种作用的。（他期待这个证据，就像期待一个全新的、与这件事情完全分离的任务一样，他自豪，因为他相信自己能完成这个任务。）

由此，人们就可以看出这是他的文章，两天之内这篇文章就被刊印出来了。若非如此，一个被采纳的稿件送去印刷至少需要6个星期。不过，这篇文章的印刷当然需要加急，这样他就无法干涉了。因此，两天足矣。——此外，报纸上的文章叫《儿童创作者》。这显然与他有关，此外，这是种讽刺。"儿童"就是指他，因为过去人们认为他是"儿童"，就是"蠢货"（他确实是这样，不过只是在服役期间，他服了一年半役），现在要用这个标题说明，他这个儿童完成了这么一篇好文章，所以，他虽然证明自己适合做创作者，但同时仍是个蠢货，是个儿童，因为他就这样让自己被骗了。——第一段里说到的孩子是在乡村的一位表妹，她现在住在他母亲那里。——但是，这种剽窃通过一种情况得到特别令人信服的证明，当然这种情况是他经过长期深思熟虑得出来的：《儿童创作者》在娱乐副刊第一页，第三页却是一则关于某个"费尔德施泰因"的小故事。这个名字显然是假名。现在人们不必读整个故事，浏览前几行就足以立刻发现，这里的拉格尔勒夫是以一种无耻的方式被仿造的。整个故事使这一点更加清晰。这意味着什么？意味着这位费尔德施泰因或者别的谁，是杜里格创造的人物，她在她那里读了他带过去的《庄园的故事》，她用这些阅读材料来写这个故事，所以他是被两个女人利用了，一个在娱乐副刊的第一页，另一个在第三页上。当然，每个人都可能主动去阅读和模仿拉格尔勒夫，但是在这里，他的影响力确实太过明显了。（他经常反复敲打那一张纸。）

星期一中午，银行一关门，他便立刻去了杜里格女士那儿。她只将房门打开了一条缝，十分害怕地说："赖希曼先生，您为何中午过来？我的丈夫在睡觉。现在我不能让您进来。""杜里格女士，无论如何您得让我进去。事关紧要。"她看我一脸严肃便让我进去了。她丈夫的确不在家，我在旁边一间屋子里看见桌上放着我的手稿，这立刻提醒了我。"杜里格女士，您拿我的手稿做了什么？未经我同意您就把它给了《日报》。您得了多少稿酬？"她颤抖着，她什么都不知道，她不知道它是怎么跑到报纸上去的。我要控诉杜里格女士,我半戏弄地说,但是确实是这样的,她看出了我真正的情绪。我在那儿的时候,一直在不断重复这句"我要控诉杜里格女士",好让她记住,在门口道别时还说了几次。我很了解她的恐惧。如果我将事情公之于众或者起诉她,那么后果是不可想象的,她肯定会被"妇女进步"组织开除,等等。

我从她那儿径直去了《日报》编辑部,让人把编辑勒夫叫了出来。他出来的时候面色相当苍白,几乎无法行走。尽管如此,我还不想立刻开始处理我的事情,而是想先试探他一下。于是我问他:"勒夫先生,您是犹太复国主义者吗?"(因为我知道,他曾经是犹太复国主义者。)"不是。"他说。我相当了解他,他肯定要在我面前伪装自己。现在我问起文章的事情。又是不靠谱的说辞。他什么都不知道,他和娱乐副刊没有任何关系,只要我想,他会叫来相关的编辑。"维特曼先生,您来一下。"他喊道,并且感到高兴,因为他可以走了。维特曼过来,又是十分苍白的面色。我问:"您是娱乐副刊的编辑吗?"他说:"是的。"我只说了一句"我要起诉"就走了。

在银行里,我立刻给《波西米亚》打电话,我想委托他们来发表这个故事,但是没有正常接通。您知道为什么吗?《日报》编辑部的确离邮政总局很近,因此他们可以随心所欲地从日报社来控制、阻断和接通电话。事实上,我总能在电话里听到不清晰的耳语声,显然是日报编辑们的声音。他们有很大的兴趣阻碍这个电话接通。这时我听到(当然并不十分清晰),其中一些人如何规劝电话小姐不要接通这个电话,而另一些人已经和《波西米亚》连上线，想阻止他们采纳我的文章。"电话小姐，"我冲着电话里喊道，"你要是现在不马上接通电话，我就去邮政管理局投诉。"当银行里的同事们听到我对电话小姐如此有力地说话时，他们在周围大笑。"您给基施编辑打电话。我有一条极其重要的新闻给《波西米亚》。如果他们不要的话，我就立刻给另一家报社。十万火急。"但是由于基施并不在那里，我挂了电话，没有透露任何信息。

晚上我去《波西米亚》，让人把基施叫了出来。我跟他讲述了这个故事，但是他不愿意发表。"《波西米亚》，"他说，"做不了这样的事，这可能是个丑闻，我们不敢冒这个险，因为我们是依附于人的。您把这事交给律师吧，这是最好的选择。"

当我从《波西米亚》出来时，我碰见了您，并且请您给我出主意。

"我劝您和和气气地调停此事。"

的确，我也想过这样也许更好。她可是个女人啊。女人没有灵魂，穆罕默德说得没错。宽恕也许更通人情，更歌德式。

"当然。您也不必放弃朗诵晚会，否则那可能就是一场徒劳了。"

"可我现在应该做什么？"

"明天您去那里说，说这次您还是受到了潜意识的影响。"

"太好了。我真的会这么做的。"

"所以您也不必放弃复仇。您干脆就在别的地方刊印这篇文章吧，并且将它附上美好的题词寄给杜里格女士。"

"这会是最好的惩罚。我要让它刊印在《德国晚报》上，他们会接受我这篇文章的，这样我就不担心了。索性也不要稿酬。"

后来我们谈论他的演员才能。我认为他应该再接受培训。"是的，您说得对。但是在哪里呢？或许您知道在哪儿能学习这个？"我说："这很难说。我不熟悉这些事情。"他说："没关系。我去问基施。他是个新闻工作者，人脉很广。他定会给我好的建议。我干脆给他去个电话，省得他和我在路上花时间，也能知道所有信息。"

"那么对杜里格女士，您按照我给您的建议去做吗？"

"是的，我只是忘了，您是怎么建议我的呢？"我复述了我的建议。

"好的，我就这样做。"他走进科尔索咖啡馆，我回家，体验到和一个十足的蠢货交谈是多么振奋精神。我差点儿没笑出来，但我十分警觉。

令人感伤的、只出现在公司招牌上的常见词"从前"

1912年3月2日

我只遵循我的文学使命，对其他事情毫无兴趣，因此是无情的，谁来向我证明这件事的真实性或可能性。

1912年3月3日

在莫伊西那里。反常的景象。他似乎安详地坐着，把交叠的双手放在两膝之间，眼睛盯着面前一本随意放置的书，他的声音带着跑步者的喘息向我们传来。——大厅的音响效果不错。没有一个字遗漏或者以微弱的气息反射回去，一切都在逐渐放大，虽早已开始说别的话，但之前的声音仍在持续回荡，配备了一个音响设备后，声音增强了，并且环绕着我们。——在这里人们有可能听见自己的回声。正如这个大厅对莫伊西的声音有利一样，他的声音对我们的声音也有利。无耻的诡计和意想不到的事让人们不得不看向地面，当然人们绝不会这样做：刚刚开始就吟诵个别诗句，例如"睡吧，米尔亚姆，我的孩子"，声音在旋律中四处乱撞；突然迅速吟出《五月之歌》，表面看来只是舌尖被卡在了句子之间；把十一月的风这个词分开，只是为了能够把"风"这个字往下压并且让它向上吹出声音。你要是看向大厅天花板，就会被诗句拉向高处。——歌德的诗对朗诵者而言是无法企及的，因此在朗诵时一个错都不能轻易犯，因为每首诗都是为了某种目的而作。——接着，在他加演莎士比亚的《雨之歌》时，产生了巨大反响。他笔直地站着，不拘泥于文字，手帕在手中拉紧并揉压到一起，眼睛闪烁着光芒。——脸颊圆圆的，面部却棱角分明。总是用柔和的手部动作抚摸他的头发。——人们读到的关于他令人振奋的评论，在我们看来，只在第一次倾听时对他有用，然后他便卷入其中，并且无法形成纯粹的印象。——这种坐着放一本书在前面的朗读形式有点让人想起腹语的形式。艺术家看似没有参与，跟我们一样坐着,有时我们在他低垂的脸上都没看到嘴巴动一下,诗句便在他的头上就被朗诵出来。——尽管有那么多旋律可以听,但是这个声音似乎像水上的轻舟一样被控制了,诗句的旋律实际上是听不见的。——有些词语被这个声音稀释了,它们被十分柔和地处理掉,结果是它们跳了出来并且与人的声音不再有任何关系,直至后来这个声音迫不得已发出一个尖锐的辅音时,才会让这个词出现并消失。

在这之后和奥特拉、陶西希小姐、鲍姆夫妇和皮克散步,走过伊丽莎白桥、码头、克莱恩赛特、拉德茨基咖啡馆、石桥、卡尔斯街。我偏偏意犹未尽,这也没什么可抱怨的。

1912年3月5日

这些不像话的医生们!在业务上果决,在治疗上却那么无知。所以,若是没有了那种业务上的果决,那么他们站在病床前就会像小学生一样。我要是有力量建立一个自然康复协会就好了。克拉尔博士因为在耳朵里乱抓乱挠,把鼓膜炎变成了中耳炎;女仆在生火的时候跌倒了,这位医生迅速对女仆做出诊断,解释说是因为吃坏了胃和充血引起的;第二天她又倒下了,发高烧,这位医生将她左右来回翻转,确认是咽峡炎就迅速跑开了,这样就不会在下一刻遭到驳斥。他甚至敢说"这个女仆有非常强烈的反应",而事实是,他已经习惯了那些人,他们的身体状况与他的医术相称并且是由他的医术产生的,而且他因为这个乡下来的姑娘强健的体格而感到屈辱,这屈辱比他知道的更多。

――――――――

昨天在鲍姆那里。朗读了《恶魔》。整体上有种不友好的印象。去找鲍姆的时候心情恰如其分地好,上去之后立刻泄气,在孩子面前狼狈不堪。

――――――――

星期天:在"大陆"剧院中玩纸牌的人那里。事先和克雷默一起看了一幕半《记者》。博尔茨身上明显有许多勉强的欢快,当然从中也产生了一些真实的、淡淡的乐趣。第二幕之后的休息时间,在剧院前遇见了陶西希小姐。我跑进了衣帽间,拿着大衣飞奔回来,陪她回家。

――――――――

〈1912年〉3月8日

前天因为工厂而遭受指责。然后在沙发上躺了一小时,思量着从——窗——户——跳——出——去。

昨天,哈尔登的演讲,关于《戏剧》。显然全是即兴演讲,我心情相当好,因此也没觉得他的演讲像其他人那样空洞。开头不错:"在这个时刻,我们为讨论戏剧而聚集在这里,欧洲和世界上其他地方的所有剧院都拉开幕布,将舞台展示给观众。"他面前是一盏与胸齐高的白炽灯,挂在一个架子上,可以活动。他用它照亮胸口的衬衫,就像内衣店陈列柜里那样,而且在演讲期间他通过挪动这个白炽灯来变换光线。踮起脚尖儿,为了把自己变得更高大,也为了竭尽发挥即兴演说的能力。绷得紧紧的裤子,连腹股沟区都是如此。一件像是钉在玩偶上的短燕尾服。有些紧张的严肃脸,有时像老妇人,有时像拿破仑。额头的颜色变白,像戴了顶假发。

通读了几篇旧文章。这要花费全部力气才能坚持下去。倘若人们在总是只有一气呵成才能成功的工作中中断了的话,就必须承受不幸,迄今为止这一直发生在我身上,在通读的时候不得不更加密集地忍受这种不幸,即便没有以前那么强烈。

今天在洗澡时，我想我感受到了旧时的力量，仿佛它在这么长的时间中没有被使用过似的。

1912年3月10日　星期天

他在伊泽拉山中的一个小地方诱骗了一位姑娘。他在那里待了一整个夏天，为了让他那受伤的肺得以康复。不可思议的是，正如肺病患者会变成的那样，他把那个姑娘——他房东的女儿，她喜欢在下班之后和他一起散步——在短暂地劝说之后，扔进了河岸边的草丛里，她害怕得失去知觉地躺在那里，他占有了她。后来他不得不凹起双手从河里舀水，洒在这个姑娘的脸上，以让她醒过来。"小尤利，小尤利啊。"他无数次喊道，向她俯下身去。他已经做好准备为他的罪行承担一切责任，只是努力让自己明白他的情况有多么严重。如果不去思考的话，他大概无法认识到这一点。躺在他面前的这位单纯的姑娘已经重新开始有规律地呼吸了，只是由于害怕和羞怯还紧闭着双眼，他已不再担心了。他高大强壮，用一只脚尖儿就能将这位姑娘踢到一边去。她是软弱的、其貌不扬的，发生在她身上的这件事只有到明天才能有实际意义吗？每一个将他们二人做比较的人难道不都是这么认为的吗？河流静静地在草地和原野之间向更远处的山脉延伸。阳光只是照在对面河岸的斜坡上。最后的云朵在纯净的夜幕下飘走。

什么都没做，什么都没做。我用这种方式把自己变成魔鬼。我参与了，虽然只是稍微参与了一下，只是在"后来必须"这一处，主要是在"洒"字那里。在描绘风景的时候，我想有一瞬间我看到了某些真实的东西。

―――――――――

就这样离开了我，离开了一切。隔壁房间里的喧闹声。

―――――――――

1912年3月11日

昨天的情况叫人无法忍受。为什么来参加晚宴的不是所有人呢？如果那样该多好啊。

―――――――――

朗诵者赖希曼在我们聊天结束后那天进了疯人院。

―――――――――

今天烧了许多令人厌恶的旧草稿。

威廉·弗莱赫尔·冯·比德尔曼　与歌德的谈话
莱比锡铜版雕刻家施托克的女儿们是如何给他梳头的，1767年

1772年，凯斯特纳是如何发现他躺在加本海姆的草丛里，他是如何"和周围的几个人，一位伊壁鸠鲁派哲学家（冯·古埃，伟大的天才）、一位斯多葛学派哲学家（冯·基尔曼斯埃格）和一位介于两个学派之间的人（柯尼希博士）聊天而且感觉真的挺不错的"。

1783年2月5日至7日，和赛德尔一起。"从前他半夜按铃，当我走进他的卧室时，他把他的滑轮铁床从卧室的最低处滚到了窗边，在观察天空。'你没看见天空中有什么吗？'他问我，当我否认此事的时候，'那么往警卫员那里跑一趟，问问这位站岗的人，他是不是什么都没看见。'我跑了过去，可是警卫员什么都没看见，我跟我的主人报告了此事，他还是照旧躺着，目不转睛地观察着天空。'听，'接着他对我说，'我们在一个关键的时刻：要么我们在此刻会迎来一场地震，要么在其他时候。'现在我不得不坐在他的床上，听他解释他是出于哪些原因

得出这个结论的。"（墨西拿地震）

———————

和冯·特雷布拉一起（1783年9月）进行一次地质学上的散步

穿过茂密的灌木丛和岩石。歌德在前面。

———————

1788年去赫尔德那里。此外他还说了，他在从罗马动身前的14天里像个孩子一样哭泣。

———————

为了将一切写信告诉她在意大利的丈夫，赫尔德夫人是如何观察他的。

———————

歌德在赫尔德夫人面前非常关心赫尔德先生。

———————

拜访卡廖斯特罗一家。

1794年9月14日,从11点半席勒穿好衣服开始,直到晚上11点,在房间里和席勒一起在持续不断的文学讨论中度过,并且经常如此。

大卫·法伊特,1794年10月19日,总是观察犹太人,并很容易就写下来,就像是昨天发生的一样。

"令我吃惊的是,在魏玛的那个夜晚,《一仆二主》演得相当精彩。歌德也在剧院里,而且像往常一样坐在贵族专座上。在演出中间,他离开了那个座位——他很少这么做——坐在了我后面,在此期间他不能跟我说话——这是我邻座的女士们告诉我的——这一幕一结束他就到前面来了,极其殷勤地恭维了我一下,并用一种十分亲密的口吻开始说话——就这部剧作了简短的评论——然后他沉默了片刻。这时我忘记了他是这戏剧的导演,我说:'你们表演得也很精彩。'他仍一直看着前方,所以我愚蠢地——但的确是在一种还不知如何去描述的感觉中——又说了一遍:'你们表演得很精彩。'这时他又恭维了我一下,不过仍像第一次那样殷勤,然后他就走开了。我是不是冒犯了他……您可能完全不相信,我一直仍然很不安,就算我已经从洪堡,那个现在很了解他的人那里得到了确证,歌德经常这样迅速离开,洪堡也答应要再次跟他谈到我。"

另一次，他们在谈迈蒙："我在此期间总是说很多话，而且常常找他帮忙；因为他通常想不起来许多词语，而且不停地做鬼脸。"

1795年，和席勒一起。我们从傍晚5点坐到夜里12点，凌晨1点的时候还在一起闲聊。

1796年9月上旬。朗读赫尔曼和母亲在梨树下的谈话。他哭了。"人们就这样在自己的炭火上融化了。"他说着，擦干眼泪

"那位老先生包厢的宽木板护栏。"歌德喜欢偶尔在他包厢里为其他人存放些冷食和红酒，他在那里也没少受到他们——指的是本地人和外地人——的款待。

施勒格尔1802年的演出《阿拉科斯》。"在剧院底层中间，歌德，严肃且庄重地在他的扶手椅上正襟危坐。"人们变得躁动不安，在某一处终于爆发出哄堂大笑，整个剧院沸腾了。"然而只是那么一瞬间。歌德很快跳起来，用雷鸣般的声音和威胁的姿势吼着安静、安静，这就像是一个咒语起了作用。骚动瞬间平息下来，不幸的阿拉科斯没有受到别的干扰，也没有获得一丁点儿掌声，就这样演到结束。"

施塔埃尔：法国人认为的那种外国人身上的风趣，常常只能证明法国人的无知。

歌德称席勒的一个想法是新奇而勇敢的，这是值得称赞的，不过结果表明他要说的是"狂放"。

你为什么把我的孩子诱骗到致命的炭火里。施塔埃尔翻译成"灼热的空气"。歌德说，他原本指的是煤炭的炽热。她觉得这么翻译极其阴沉和乏味。德国诗人缺少的是高雅之人细腻的感情。

1804年，对海因里希·福斯的爱。——歌德和周日的同伴一起读《路易斯》。

"关于婚礼的段落打动了歌德，他带着最深刻的感情朗读。但是他的声音变弱了，他哭了，把书给了他旁边的人。在一处神圣的地方，他喊了出来，带着一股令我们所有人震撼的真挚情感。"

"我们坐着吃午饭，歌德'因为福斯看起来还是那么饿'而叫来一块蛋糕的时候，我们刚把最后一点东西吃完。"

"然而他从来没有比这个时候更愉快和可爱的了，就是当他晚上在房间里脱了衣服或者坐在沙发上的时候。"

"当我走向他时，我发现在他那儿太舒服了。他生了火，衣服脱到只剩一件短羊毛衫，这衣服显得这个男人十分雄伟。"

书籍：《施蒂林》，《歌德年鉴》。

拉赫尔和 D. 法伊特之间的书信往来。

1912 年 3 月 12 日

在匆匆驶过的电车里，一名年轻男子坐在一个角落，脸颊贴在玻璃窗上，左臂沿着扶手伸开，他穿着一件敞开的、四周鼓起来的外套，用注视的目光朝空无一人的长椅上看去。他今天订了婚，其他什么也想不起来了。他感觉在新郎的位置上受到了恩宠，怀着这种感觉，他有时匆匆朝车顶上看一眼。当乘务员过来给他车票的时候，他在当当啷啷的响声中找到了那块合适的硬币，迅速放在乘务员的手里并且伸出两根剪刀状的手指夹住车票。他与电车之间不存在实实在在的联系，因此倘若他不踏着台子和阶梯就能出现在街上，并且用同样的目光追随他走的路的话，那一点儿也不奇怪。

只有那件鼓起来的外套是存在的，其他的一切都是臆想出来的。

1912年3月16日　星期六

再次鼓起劲儿。我又克制住自己，就像飘落的气球，有人在飘落的途中将它接住。今天早晨，我开始做一件更伟大的事情，这件事情不是被迫的，应该是根据我的能力而定的。只要我能够做到，就不会放弃此事。我宁可失眠，也不要这样活下去。

卢塞恩小型歌舞剧院。几个年轻人每人唱了一支歌。倘若人们精力充沛并且仔细倾听，就会通过这种形式的演唱回想起那些结论，那些歌词是从我们的生活中萃取的，而不是由纯熟歌手的演唱产生的。因为诗句的力量绝不可能通过歌手来增

强,它们有自己的独立性,并且和那个连漆皮皮靴都没有的歌手一起来折磨我们。他的手不愿离开膝盖,倘若不得不离开,还要表现出手的不情愿,他迅速倒在长椅上,以便尽可能少让人看见他不得不为此做出的大量不熟练的小动作。——春天里恋爱的场景以摄影明信片的方式呈现。忠实的、打动观众并让观众感到害羞的表演。——法迪妮查,维也纳歌手。甜美而意味深长的笑容。让人回想起汉西。一张面孔,上面有微不足道的、大部分情况下却过于清晰的细节,随着笑容皱在一起,然后舒展开。当她站在舞台前对着冷漠的观众大笑的时候,人们肯定会将这种在观众身上不起作用的优势归于她。——骑士们伴着飘忽的鬼火、树枝、蝴蝶、纸火、骷髅头跳着笨拙的舞步。——四个摇滚女孩。一个长得非常漂亮。没有一张剧院海报上有她的名字。她在观众席的最右边。她忙忙碌碌地甩出手臂,那细长的双腿,骨骼纤弱,做出极其明显的笨拙动作。她跟不上节奏,但是在忙忙碌碌的过程中也不受恐惧的干扰。与其他人扭曲的笑容比起来,她的微笑何其温柔,与干瘦的身体比起来,她的脸近乎丰腴,头发近乎茂盛,她朝舞蹈教练喊道"慢点儿",也是为她的姐妹们喊的。她的舞蹈教练,一位年轻的、穿着高调的干瘦男子,站在乐师身后,一只手随着节奏挥动着,乐师和舞者们没人注意他,他的目光落在观众席上。——瓦尔纳博尔德,一个严重神经过敏的健壮男子。在舞动的过程中偶尔开一个玩笑,这玩笑有种鼓舞人的力量。他在报了幕之后匆匆地大步迈向钢琴。

读了《战争画家的一生》。心满意足地朗诵了福楼拜的作品。

―――――

《雨中穿翻边雨靴的男人》

―――――

《心愿》

―――――

用惊叹号来谈论女舞者是必要的。这是因为人们就是这样模仿她们的动作，因为人们还停留在这节奏里，在享受的同时思想不受干扰，还因为效果总在句尾产生并且发展得更好。

〈1912年〉3月17日
这几天读了施特塞尔的《曙光》。

―――――

星期天，马克斯的音乐会。我近乎无意识地倾听。从现在起我不会再对音乐感到无聊了。我不再像以前那样徒劳，试图去突破这个用音乐在我身边迅速形成的捉摸不透的圈子了，我也提防不要跳过这个圈子，这我大概是做得到的，相反，我要从容地坚持我的想法，它们在束缚中发展和结束，令人烦扰的自省则不会出现在这缓慢而拥挤的人群中。——美丽的《魔圈》（出自马克斯）似乎偶尔会打开女歌手的心扉。——歌德《痛苦中的慰藉》。无穷无尽的神将一切给予了他们心爱的子民，全部，无穷无尽的快乐，无穷无尽的痛苦，全部。——我没有能力面对我的母亲，面对陶西希小姐，面对"大陆"剧院里的所有人，以及面对后来街上的所有人。

星期一，《暴脾气小姐》。一个法语词在一场悲伤的德语演出中产生了不错的效果。——寄宿学校的姑娘们穿着鲜艳的衣服，在栅栏后面张开手臂跑进花园。——夜里龙骑军团的练兵场。在后面的军营大楼里，军官们在一个走几级台阶就能到达的大厅里开欢送会。暴脾气小姐来了，爱情和鲁莽促使她来参加这个欢送会。这种事竟然能发生在姑娘身上！早晨在修道院表演，晚上替一个取消行程的轻歌剧女歌手表演，夜里在龙骑军团的军营里表演。

今天下午带着痛苦的疲惫在长沙发上度过了。

1912年3月18日

你若是想，我便是智者，因为我每时每刻都做好了死去的准备，但并不是因为担心一切托付给我去做的事情，而是因为我对此什么都没有做，在任何时候也都不可能希望去做这方面的事情。

————————

〈1912年〉3月22日

（前几天我把日期写错了）

鲍姆在阅读大厅里朗诵。格蕾特·菲舍尔，19岁，下周结婚。暗淡的、没有瑕疵的、消瘦的面容。拱形的鼻翼。她一直以来穿戴猎人款式的衣帽。这种暗绿色的光影也映在脸上。顺着面颊垂下的发束，似乎与沿着面颊新长出来的头发融合在一起，总体看来像一缕轻盈毛发的光泽洒在整张向黑暗中俯下去的脸上。肘尖无力地撑在椅背上。然后在瓦茨拉夫广场，瘦弱的身体，衣衫褴褛，不怎么费力地完完整整鞠了一躬，转过身去，直立起来。我看着她，比我想看的次数要少得多。

————————

〈1912年〉3月24日　星期天，昨天。

克里斯蒂安·冯·埃伦费尔德的《星光新娘》。——在观察中失神，混乱关系和原始关系相对而立，在这三对知名夫妇面前与我保持良好的关系。——剧中生病的军官。生病的躯体裹在紧绷的、体现了健康和果敢的制服里。

上午，在纯净的心情中，在马克斯那里待了一个半小时。

隔壁屋里，母亲和莱本哈特夫妇聊着天。他们在谈论寄生虫和鸡眼。（莱本哈特先生每个脚趾上有6个鸡眼。）显然，这样的聊天不会带来真正的进步。双方再一次忘记聊的内容，而此时已毫无责任感地、忘我地继续聊起来。然而，正因为若是不走神的话，这种交谈是无法想象的，所以谈话会出现空白，若想留在那空白处的话，只能用思考，或者更确切地说，用梦来将其填满。

1912年3月25日

隔壁屋里扫帚打扫地毯的声音听上去像一条拖裙在颤颤悠

悠地移动。

1912年3月26日

别那么高估我写过的东西，这样一来我想去写的东西就写不出来了。

〈1912年〉3月27日

星期一我在街上抓住了一个男孩，他和其他人一起用一个大球朝一位从他们身边走过时毫无防备的女仆扔去。就在那颗球飞向那位女仆的臀部时，我抓住了他的脖子，带着巨大的愤怒扼住了他的喉咙，把他推到一边，痛骂一顿。然后继续走，完全没看那个女仆。人们完全忘记了自己现世的存在，因为心中完全被怒火填满，可以相信，只要有机会，也同样会用更加美好的感觉来完完全全填满内心。

〈1912年〉3月28日

出自范塔女士的演讲《柏林印象》：格里尔帕尔策尔完全不愿参加这样一场社交聚会，因为他知道，与他交好的黑贝尔可能也在那里。"他会再次询问我对上帝的看法，如果我不知道要说什么的话，他就会变得粗暴。"——我迂腐的举止。

1912 年 3 月 29 日

浴室的乐趣。——渐渐发现了。这几个下午我花在了头发上。

1912 年 4 月 1 日

一个星期以来第一次在写作中遇到几乎完完全全的失败。为什么？上个星期我也经历了不同的情绪，并且不受其影响继续写作，可是我害怕写这些事。

〈1912 年〉4 月 3 日

——一天就这样过去了。——上午在办公室，下午在工厂，现在是晚上，在我住处左右两边都是喧哗声，晚一点要把妹妹从《哈姆雷特》那里接回来——我想没有一刻时间可以开始做些什么了。

1912年4月8〈6〉日　耶稣复活节前的星期六

完全认清了他自己。能够抓住他的能力范围，就像抓住一个小球一样。把最大的衰落当作某种司空见惯的东西来接受，那么里面依旧保留着弹性。

渴望有深沉的睡眠，睡得却更轻了。形而上学的需求只是死亡的需求。

今天我在哈斯面前说话的时候是多么扭捏造作啊，因为他称赞了马克斯和我的游记，我这样是为了至少配得上这个并未切中游记要害的称赞，或者是为了让游记那虚构或捏造的效果继续存在于虚构或哈斯友好的谎言之中，我想减轻这谎言给他带来的负担。

第六册

1912年5月6日

11点钟。一段时间以来,第一次在写作上完全失败了。一个被考验的男人的感觉。

最近的梦境:我带着父亲乘着电车穿过柏林。大城市的面貌通过无数整齐直立的、双色绘制的、末端被磨平而无光泽的栅栏展现出来。除此之外,一切几乎都是空荡荡的,不过那些拥挤的栅栏却是很大一片。我们来到一道门前,没什么感觉就下了车,穿过这道门迈了进去。在这道门背后,一面极其陡峭的墙耸立着,我的父亲几乎是跳着舞爬上去的,双腿在旁边飘荡着,这对他来说是如此轻而易举。当然,也有一些冷酷无情的地方,就是他一点儿也不帮我,因此我只能用最大的力气手脚齐上爬上去,常又滑落回去,再爬上去,好像墙在我下面变得更陡了一样。此外,让人尴尬的还有,墙被人们的粪便所覆盖,导致我的胸部首先沾上了粪块。我低下头看着这些粪块,手在上面微微擦拭了一下。当我终于到达上面的时候,父亲已经从一座大楼里面出来了,他立刻向我飞奔过来,搂着我的脖子,亲吻我,拥抱我。他穿着一件在我记忆中很是熟悉的老式短款皇袍,里面垫衬得像沙发一样。"这位冯·莱登医生,真是一个优秀的人!"他不停地喊着。然而他拜访他的时候完全没有把他当作医生,而仅仅当作一个值得认识的人。我有点害怕,

害怕我也必须进去找他,可我并没有被要求这么做。在我身后左边,我看见一个男人坐在一间规规矩矩用纯玻璃墙围着的屋子里,他背对着我。事实表明,这个男人是教授的秘书,我的父亲实际上只跟他而没跟教授本人说过话,不过他以某种方式,通过这位秘书对教授的优点有了真真切切的了解,所以他从任何角度对这位教授的评论都恰好那么合理,就好像他亲自同教授交谈过似的。

莱辛剧场:《老鼠》

给皮克的信,因为我没给他写过信。给马克斯的卡片,处于对《阿诺尔德·贝尔》的喜悦之情中。

〈1912年〉5月9日

昨天晚上和皮克在咖啡馆里。

我抵住一切不安,紧紧地抓住了我的小说,完全就像是一座正看向远方并牢牢抓住底座的纪念碑塑像。

今天在这个家里,毫无慰藉的夜晚。妹妹因为最近怀孕而

哭泣，妹夫为了工厂的事需要钱，父亲因为妹妹、生意和他的心脏而激动，我那不幸的二妹，那位超越一切不幸的母亲，以及我和我没完没了的写作。

〈1912年〉5月22日

昨天，和马克斯一起度过的绝妙夜晚。比起我对自己的爱，我对他的爱还要更浓烈些。《卢塞恩》。拉歇尔德的《死神女士》。《春日清晨之梦》。包厢里那个欢快的胖姑娘。那个野蛮的女士，红鼻子，脸上布满灰尘，肩膀从那衣领并不大的裙子中挤出来，背部被东拉西扯，简单的蓝衬衣上有白色斑点，击剑手套总能让人看见，那时她常常把右手放在坐在她旁边的欢快的母亲的右大腿上，要么整只手放上去，要么让指尖靠在上面。耳朵上方编好的辫子，后脑勺上的不是最纯正的淡蓝色发带，前面的头发被绑成稀疏却扎实的一束，绕在前额周围，向她的前上方伸去。她的大衣暖和，有褶皱，质地轻盈，十分柔软，当她在收银台那儿谈判的时候，那大衣漫不经心地垂挂着。

〈1912年5月〉23日

昨天：在我们后面，一名男子因为无聊从椅子上跌了下来。拉歇尔德的比喻：自己喜欢太阳并且要求别人也喜欢的人，就像半夜从婚礼上出来的醉鬼,强迫那些朝他们迎面走来的人为不认识的新娘的幸福干杯。

给韦尔奇的信,向他提议用"你"这个称呼。
昨天因为工厂的事给阿尔弗雷德叔叔的一封讨巧的信。
前天给勒维的信。

现在,晚上,由于无聊,接连三次在浴室里洗手。

害怕在圣灵降临节的星期天和星期一独处,原因令人难以置信,因为父母去了弗朗兹巴德。

扎着两个小辫儿的孩子,露着脑袋,穿着松松垮垮的白点小红衣,光着腿和脚,一只手拿着小篮子,另一只手提着小箱子,犹犹豫豫地跨过国家剧院附近的马路。

在《死神女士》里，开头的背部表演遵照这个原则：在同样条件下，业余演员的背部同好演员的背部一样美丽。人们是多么认真负责啊！

在过去几天里，戴维斯·特里奇做了一场关于巴勒斯坦殖民化的精彩报告。

〈1912年5月〉25日
缓慢的速度，贫乏的血液。

〈1912年5月〉27日
昨天，圣灵降临节，天气清冷，与马克斯和韦尔奇的郊游并不美好。
下午，咖啡馆，韦弗尔给我《天堂的来访》

尼克拉斯大街的一段路上和整座桥上的行人都被影响到，

他们转身看向一条狗，它正在大声狂吠，追着一辆救援公司的汽车。直到这条狗突然停下来，转过身，表明自己是一条普通的外地狗，它追逐这辆车并没有什么特别的意思。

1912 年 6 月 1 日
什么也没写。

〈1912 年〉6 月 2 日
几乎什么也没写。
昨天绍科普博士在众议院做关于美国的报告［内布拉斯加州的捷克人、美国的所有官员都会被选举，每个人必须从属三个党派（共和党、民主党、社会党）之一，罗斯福的竞选大会，他用他的玻璃杯威胁一位提出异议的农场主］，然后是春节，与保罗·基施碰面，他在阐述他的博士论文《黑贝尔和捷克人》。他可怕的外表。脖颈后面的瘤。印象中，他当时在谈论自己的情人。

1912 年 6 月 6 日　星期四　基督圣体节
像两匹赛跑中的马，其中一匹为自己以及赛跑的缘故垂下头，冲着自己抖动全身的鬃毛，然后昂起头，此刻才以更健康的样子重新参加比赛。比赛本来也没有中断过。

现在我在福楼拜的书信中读到:

我的小说是山崖,我悬挂在上面,对这世界上发生了什么一无所知。——类似于我 5 月 9 日为自己写下的东西。

没有重量,没有骨头,没有身体,两个小时之久,穿过街巷,思考着我下午写作的时候克服了什么。

〈1912 年〉6 月 7 日
可恶。今天什么也没写。明天没有时间。

1912 年 6 月 6〈8〉日　星期一
开了一点儿头。睡过了一点儿。在这完全陌生的人群中也感到孤单。

〈1912 年 7 月〉8 月 9 日　星期一
很久没写过什么东西了。早晨开始写作。否则我又会进入一种不断膨胀、无法阻挡的不满情绪之中,实际上我已经在这种情绪里了。神经紧张的状态开始了。不过，倘若我能做到某些事，那么我就能不借助迷信的预防手段来做到。

———

关于魔鬼的臆想。如果我们的心被魔鬼占据，那么可能魔鬼不止一个，因为若非如此，我们曾经的生活，至少在地球上是平静的，就像跟上帝在一起，是和谐的，没有矛盾，无须思虑，始终对我们的幕后操纵者毫不怀疑。他的脸不会使我们害怕，因为作为魔鬼般的人，我们出于自身的机敏，有足够的智慧应对这样的目光，宁可牺牲一只手，用来遮住他的脸。倘若只有唯一的一个魔鬼掌控我们，他从容不迫、不受干扰地俯视着我们的全部圣灵，并且有即刻处置的自由，那么他也有足够的力量，在人类生命的长度里，在超越上帝精神这样的高度上，将我们留在我们体内，还可以摆弄我们，使我们看不到他身上的一丝光亮，因而也不会被搞得不安。只有一大群魔鬼才能构成我们尘世的不幸。为什么他们不杀光彼此，直到剩下一个？或者为什么他们不从属于一个伟大的魔鬼？这两点都符合魔鬼的法则，即极尽完美地骗过我们。倘若无法达成一致，那么所有魔鬼对我们的这种极尽细致的谨慎到底有什么用呢？当然，魔鬼比上帝更关注人类一根头发的脱落，因为魔鬼真的会掉头发，而上帝不会。只要这许多魔鬼还在我们身体里，我们就始终达不到幸福的境地。

〈1912年8月〉7日

长时间的折磨。终于写了信告诉马克斯,我还不能完成剩下的部分,不想强迫自己,所以将不出版这本书。

〈1912年8月〉8日

为了附带的满足感,完成了《拙劣的骗子》的创作。用尽了正常精神状态下的最后一丝力气。12点,我怎么能睡觉呢?

〈1912年8月〉9日

激动的夜晚。——昨天,女仆对在楼梯上的小男孩说:"抓住我的裙子。"——源于灵感,我流畅地朗诵《可怜的游吟诗人》。——认识到格里尔帕尔策尔在这个故事里的男子气概。他什么都敢,又什么都不敢,因为他身体里只有真实的东西,这种真实的东西会在矛盾的瞬时印象下、在关键时刻证明自己的合理性。对自我的从容支配。什么都不耽误的缓慢步伐。在必要的时候,立刻做好准备,而非提前做好准备,因为他早已看见即将来临的一切。

〈1912年8月〉10日

什么也没写。待在工厂里,在发动机舱里吸入气体长达两小时。车间主任和司炉工在发动机前干劲十足,发动机莫名其妙地点不着了。悲哀的工厂。

〈1912年8月〉11日

什么也没写,什么也没写。出版这本小书花了我不知多少时间,而且为了出版,在阅读旧作的时候产生了多少有害又可笑的自信。只有这个妨碍了我的写作。事实上我确实什么也没做到,这种干扰就是最好的证明。无论如何,这本书出版之后,如果我不想承认自己只喜欢坚持真理,我就还得离杂志和批评再远一点儿。不管我变得多么难以动摇!过去,哪怕我就说了一句与当前思潮对立的话,我都会立刻倒向另一边,而现在,我只是看看自己,保持我原来的样子。

〈1912年8月〉14日

给罗沃尔特的信。

尊敬的罗沃尔特先生!

我在此奉上您希望看到的这篇小散文,它大概已经能成一小本书了。当我出于这一目的对它进行编排的时候,有时不得不做出选择,一边是安抚我的责任感,一边是贪婪地希望也能拥有您的那些好书中的一本。当然,我并非总是十分纯粹地做出抉择。不过现在，倘若这些东西也让您中意，并愿意将它们付印的话，我当然是幸运的。最后，即便经过最高强度的练习和拥有最深刻的理解力，这些东西中的不足之处也并非第一眼就能看出来。作家最广为人知的个性在于，每个人以颇为特殊的方式掩盖他的缺点。

您忠诚的

〈1912年8月〉15日

一无所获的一天。睡过了头，狼狈不堪。老城环形路上的圣母节。这个男人的声音好像是从地洞里传来的。想了很多——在写下名字之前是怎样的一种尴尬——关于菲利斯·鲍尔。昨天读《波兰经济》。——现在奥特拉给我背诵了歌德的诗歌。这些诗歌是她靠真情实感挑选出来的。《泪水中的慰藉》《致洛特》《致维特》《致月亮》。——再读旧时的日记，而不是让我远离这些东西。我尽可能地像这样不理智地生活着。可是，这31页的出版物对一切都负有责任。负有更大责任的仍然是我的怯懦，它任由那样的东西对我产生影响。我没有颤抖，而是坐在那里思考，我要怎样才能将这一切表达得极尽不堪。可我那可怕的平静妨碍了我的创造力。我感到好奇，我将如何从这个状态中找到出路。我不让自己被撞到，也不知道正确的路，那么会变得怎样呢？我这肥胖的身躯在我狭窄的道路上能否最终奋力奔跑？——那么至少我能转过头去。——这正是我要做的。

〈1912年8月〉16日

不管是在办公室里还是在家里,什么事都没有。在魏玛的日记上写了几页。

晚上,我可怜的母亲在呜咽,因为我不吃饭。

〈1912年〉8月20日

两个小男孩,都穿着蓝色上衣,一个穿着浅蓝色的,另一个矮一点儿的穿着深色的,各自抱着一捆干草,经过我窗前的大学施工场地,那里有些地方已经荒芜了,长满杂草。他们拖着干草爬上斜坡。整幅画面是一种视觉的享受。

————————

今天早上,一辆两侧有护栏的马车上空无一人,前面是一匹瘦弱的老马。不知这两者是如何用尽最后一丝力气,向斜坡上爬去,把时间拖得异常的长的。在旁观者看来马车是歪斜着立起来的。那匹马微微抬起前蹄,脖子向侧上方伸展。上面是车夫的马鞭。

————————

倘若罗沃尔特把稿子寄回来,而我将一切封锁起来,就像什么事也没发生过一样,那么我就只能像以前一样那么不幸了。

菲利斯·鲍尔小姐。我 8 月 13 日到布罗德那里时，她正坐在桌旁，却像女佣一样走到我面前。我也完全不好奇她是谁，而是立刻接受了她。骨瘦如柴的、苍白的脸上，明显挂着那副空虚的样子。露着脖子。披着衬衫。看起来穿得相当居家，但她绝不是这副居家的样子，这一点后来得到了证实。（我有点疏远她，因为我走到了离她身体那么近的地方。不过，我现在是在怎样的一种处境里，从整体上疏远一切美好的事物，反正我也还不相信这些事物。如果今天在马克斯那儿，文学的消息没有太过于让我分心的话，我还会尝试去写这位布伦克尔特的故事。她个头一定不高，但肯定可以击中我的心。）几乎断裂的鼻子。金色的、有些僵硬的、毫无吸引力的头发，厚实的下巴。当我落座的时候，第一次较为仔细地观察她，在我坐着的时候，已经得出了一个无法动摇的评价。正如——

〈1912 年〉8 月 21 日

不停地读伦茨的作品，为自己从中——作品与我之间就是这样的关系——获取一些想法。

一条街道上呈现出一幅不满的画面，因为每个身处这里的人都抬起脚意欲离开。

〈1912 年〉8 月 30 日

很长时间什么也没做。来自西班牙的叔叔来做客。上周六韦弗尔在阿尔科朗诵《生命之歌》和《牺牲》。一个古怪的人!我盯着他的眼睛看了一下,整个晚上都停留在他的目光里。

我很难被摇醒,但却是不安的。今天下午我躺在床上的时候,有人将一把钥匙插进锁子里迅速转动,我瞬间感觉这些锁子遍布整个身体,就像在一个化装舞会上一样,在很短的时间间隔里,有锁子一会儿在这儿一会儿在那儿,被打开或者锁上。

《镜子》杂志的民意调查,关于现在的爱情和自我们祖父母时代以来爱情的变化。一位女演员回答:人们从没有像现在这样如此美好地相爱过。

在听到韦弗尔的朗诵之后,我是多么震惊和振奋啊!随后我近乎狂野并且毫无偏差地卧倒在了勒维家的聚会上。

由于我的老板不在，这个月本可以很好地利用一下，用不着做那么多辩解（将这本书寄给罗沃尔，阿布塞斯，叔叔的来访），这个月被我闲混过去，睡过去了。今天下午我还带着凭空想象的辩白在床上舒展了三个小时。

〈1912年〉9月4日

来自西班牙的叔叔。他上衣的式样。与他亲近的结果。他个性的细节。——他轻轻穿过前厅走进厕所。此外，没有对一声问候做出回应。——如果人们不对逐渐发生的转变，而是对引人注目的瞬间做出评价，就会变得日益仁慈起来。——

〈1912年〉9月5日

我问他：人们该如何将这些联系起来呢？即你不满意，正如你近来所说，以及你能够适应一切，正如人们一再看见的那样（我想也正如那种适应始终特有的野蛮性所表明的那样）。他回答道，这回答好像消融在我记忆里了："细节上我是不满意的，整体上还无法企及。我经常在一家法国的小膳宿公寓里吃晚餐，那里非常高雅，并且很贵。例如，一个双人间包吃包住每天要50法郎。我坐在那儿，比如在一个法国使馆秘书和一个西班牙炮兵将军之间。我对面坐着一位海军部委高官和某个伯爵。我已经熟悉了所有人，坐到了我的座位上，向四周打了招呼，此外不再说一句话，因为我陷入自己的情绪里，直到告别时再次打招呼。然后我独自走在街上，我真的看不出来，这样的夜晚有什么意义。我走回家，遗憾自己没有结婚。当然，这种想法又消失了，不管是因为我把它想完了，还是因为它自己散去了。不过有机会时它会再回来。"

〈1912年〉9月8日
星期天上午
昨天给席勒博士的信。

下午
母亲是怎样用最大的嗓门儿在隔壁一群女人中间跟小孩子玩耍并把我赶出住所的：别哭了！别哭了！等等。这是他的！这是他的！等等。两个大个儿！等等。他不要这个！……但是！但是！……你觉得维也纳怎么样，多尔菲？那儿美吗？……我求您看着点儿他那双手。

〈1912年〉9月11日
大前天晚上和乌蒂茨在一起。

一个梦：我待在一个由方石块建成的伸进海里的岬角上。不知哪个人或是几个人和我在一起，但我的自我意识是那么强烈，所以我对他们的了解几乎没我跟他们说的话多。我只能记起一个坐在我旁边的人抬起的膝盖。起初我不知道自己究竟在哪里，直到我偶然站起身来，看见我左前方和右后方那片辽阔、清澈、有边界的大海，上面有许多纵横排列的、稳稳泊锚的战舰。右边可以看见纽约，我们在纽约的码头上。天空灰蒙蒙的，却也明亮。我自由自在地在我的座位上来回转动身体，融入来自四面八方的空气中，以便能够看到一切事物。面向纽约时，目光微微垂下；面向大海时，目光抬起。这时我也发现，海水在我们身旁激起了高高的浪头，一种大型的外国交易正在这里进行着。我只记得，人们用长长的树干而非我们的竹筏捆成了一个巨大的圆柱，圆柱的截面在航行中总是随着浪头的高低或多或少地浮出水面，同时也随着浪头长度的变化在水中滚动。我坐了下来，收回双脚，因为愉快而抽动着身子，因为高兴而简直要把自己埋葬到地里去，说道："这确实比巴黎林荫大道上的车来车往还要有趣。"

〈1912年〉9月12日

晚上，勒维博士在我们这里。又一个奔赴巴勒斯坦的人。

他在见习期满的前一年参加律师资格考试，带着1200克朗（在14天后）前往巴勒斯坦。本想在巴勒斯坦官场上谋求一职。所有这些奔赴巴勒斯坦的人（贝格曼，克尔纳博士）都垂下目光，感觉自己被这些听众搞得眼花缭乱，伸出手指在桌子上漫无目的地游走，变换着声音，无力地微笑，并在微笑中流露出些许讽刺意味。——克尔纳博士讲述着，他的学生是沙文主义者，嘴里总念叨着马加比家族，也想变得像他们一样。

我发觉，之所以如此乐于给席勒博士写信，是因为鲍尔小姐在布雷斯劳停留过，虽然已经是14天前的事，她的气息却还留在空气里，也因为我以前就很多次想通过席勒博士送花给她。

〈1912年9月〉15日
我的妹妹瓦莉订婚。

我们
从衰弱的谷底
爬上来

带着新的力量

　　黑暗的主
　　在等待
　　直到孩子们
　　精疲力竭

兄弟姐妹之间的爱——父母之间的爱的重演。

这独一无二的传记作家的预感。

洞穴是个好地方,它让这部天才作品蔓延到我们的周围,以便将它的一点点光亮放进去。因此,这种源自天才作品的启发,这种有普遍性的启发,并非只会驱使人们去模仿。

〈1912年9月〉18日

昨天在办公室里看胡巴勒克的故事。那个敲石头的人在公路上向他苦苦求得一只青蛙，紧紧抓住它的双脚，并且咬了三口，先是那颗小头，然后是躯干，最后是双脚，把它吞了下去。——杀死生命力极其顽强的猫，最好的方法是：在关着的门之间压烂它的脖子，并且拽它的尾巴。——他厌恶害虫。在军队的时候，有一天夜里有东西在他鼻子下面搔痒，他在睡梦中抓过去，捏碎了什么东西。这是一只臭虫，连续几天，他身上都散发着这东西的恶臭。——四个人吃一份精心烤制的猫肉，但只有三个人知道他们吃的是什么。吃完之后，这三个人开始喵喵叫，可第四个人不愿意相信，直到有人把血淋淋的毛皮拿给他看，他才信了，用最快的速度跑了出去，把所有东西都吐出来，而且重病了两个星期。——这个敲石头的人除了面包，别的什么都不吃，不然就吃偶然得到的水果或者活物，除了烧酒，别的什么都不喝。睡在窑厂的砖块堆里。有一次，这位胡巴勒克在黄昏的田野里遇见了他。"站住，"这个人说，"否则——"胡巴勒克饶有兴致地站住了。"把你的烟给我。"这个人接着说。胡巴勒克把烟给了他。"再给我一支！""你确定还想要一支？"胡巴勒克问道，左手握着多节手杖以备不测，用右手给了他一巴掌，打得他烟都掉了。这个胆小又懦弱的人，就像那些饮酒者一样，立马跑掉了。

————————

昨天和勒维博士一起在贝格曼那里。雷布·多维德尔的歌，雷布·多维德尔，瓦希科人，今天去塔勒。在瓦希科和塔勒之间的一个城市里满不在乎地唱歌，在瓦希科哭泣着唱，在塔勒高兴地唱。

〈1912年9月〉19日

巡视员波科尔尼讲述了那次旅行的故事，那时他13岁，口袋里装着70枚十字币，在一个同学的陪伴下完成了那次旅行。当他们晚上进入一家客栈时，那里正在大摆酒宴，为了向一名退伍回来的市长表达敬意。地板上立着不止50个空啤酒瓶。到处弥漫着烟斗的烟味。啤酒散发的臭味。两个小男孩靠在墙边。喝得醉醺醺的市长声称，在他服役的那段记忆里，时刻都要保持纪律。他走近两个男孩，威胁说他们是逃兵，抓着他们，不管他们怎么解释，他推了他们一把，并让人把他们押送回家。男孩们哆哆嗦嗦地拿出高级中学的学生证，说出几个食堂的名字，一个半醉半醒的老师在一旁看着，却没有帮忙。他们没有得到对他们命运的明确判决，就被迫一起喝酒，他们对能免费喝到这么多好酒感到十分满意，这些酒用几个铜子儿是绝不可能享用到的。他们喝得很饱，在最后几位客人深夜离开之后，接着在这个不通风的房间里，在铺得松松的稻草堆上，像主人一样睡着了。只是在四点的时候，一个身材壮硕的女仆拿着扫帚过来，解释说没有时间了，让他们主动离开，否则就要把他们扫进晨雾里去。当这个房间被打扫干净些时,有人把两个装得满满的大咖啡罐放在了桌子上。然而当他们用调羹在咖啡里不停搅拌的时候,表面总不时漂起一些大块的深色的、圆圆的东西。他们想,这东西过一会儿就会溶解开,便津津有味地喝起来,直到喝了半罐,这深色的东西才让他们害怕起来,他们开始向女仆求教。这时才发现,这个黑乎乎的玩意儿是陈旧的、凝固的鹅血,是前一天宴会上剩在罐子里的,有人早晨迷迷糊糊地把咖啡直接倒在了这上面。这两个男孩立刻冲了出去,把所有东西一滴不剩都吐了出来。后来他们被叫到牧师面前,牧师在做了宗教方面的简短问询之后,断定他们是听话的男孩,便让女厨给他们端了一份汤,然后用宗教祝福送走了他们。作为由神职人员领导的高级中学的住宿生,他们在几乎所有到过的教区都喝到了这份汤,得到了这份祝福。

〈1912年9月〉20日

昨天给勒维和陶西希小姐写信,今天给鲍尔小姐和马克斯写信。

那是美丽的春天里一个星期天的上午。格奥尔格·本德曼,一名年轻的商人,坐在他二楼的私人包房里,这包房位于简易建造的矮房群之中的一座房子中,这些房子沿着河流蜿蜒成一长列,几乎只在高度和颜色上有差异。他刚刚写完一封给一个身在国外的年轻友人的信，用一种逗弄似的慢动作将它封上，然后手肘撑在桌上，看向窗外的那条河、那座桥，和对岸带着一抹浅绿的小山丘。他思考着，这位不满足于家庭生活的朋友是如何在数年前就逃去了俄罗斯。如今他在彼得堡做生意，一开始生意非常好，不过已经有很长时间经营不善了，正如他所抱怨的，客人是越来越少。因此，他在异国他乡白白地劳累过度了，那绺异国风情的络腮胡子很难遮住那张自儿时起就非常熟悉的面容，他那发黄的肤色似乎暗示他正患有一种疾病。正如他所说，他没有跟在那里的侨民区的同胞建立联系，也几乎没有同当地的家庭有什么社交往来，因此最终变成了独身主义者。

该给这样一个人写点儿什么呢？他显然是固执的，人们同情他，却无法帮助他。也许人们该建议他重新回到家里，把他的生计搬到这儿来，把所有旧时的朋友关系重新建立起来，这确实没什么困难，此外，要相信朋友的帮助。然而，这无异于告诉他，说得越是小心翼翼，越具有侮辱性，他迄今为止的努力都失败了，最终他必须放弃它们，他必须回来，并且允许所有人瞪大眼睛惊讶地盯着他这个永久的归乡者看，只有他的朋友能理解一点，他只是个老孩子，不得不索性追随那些待在家里的成功的同伴。另外，更加肯定的是，所有人定然会给他施加的这种痛苦，也许有什么目的。也许，甚至连把他带回家都完全无法实现。他说，是的，当然，他再也无法理解家乡的这些关系，所以后来无论如何他仍待在异乡，他被这些建议搞得愁眉苦脸，更加疏远了这些朋友。可是，倘若他真的听从了这个建议，当然并非出于本意，那么他将会在这里被现实打击得消沉沮丧，他将无法融入他的朋友们当中，即使没有这些朋友他也无法适应，他将忍受羞辱，那时候就真的是没了家乡也没了朋友，那么，像以前一样待在异乡，对他而言岂不是更好？在这种情况下，人们还会以为他真的会推动这里的返乡之事吗？

因为这些，如果人们还想与他保持书信联系，就不能像毫无羞怯地连最远房的亲戚都告知那样告诉他实情。这位朋友已经离乡三年多了，非常牵强地用俄罗斯政治关系不稳定来解释此事。按照这个说法，就连一个小小的商人都不被允许离开片刻，而成千上万的俄罗斯人却悠然自得地在全世界转悠。在这三年时间里，偏偏许多事情对格奥尔格而言都变了。大概两年前格奥尔格的母亲去世了，自那时起，格奥尔格就和他的老父亲一起维持生计。这位朋友大概得知了此事，在书信中干巴巴地表达了自己的哀悼，语气干巴巴的原因可能是，在异国他乡很难想象在这种事情上的哀痛。然而，自那时起，格奥尔格在经营生意上和所有其他事情上都变得更为果断。也许母亲在世时，父亲只让他在生意中运用他的观点，这阻碍了他真正的个人能力的发展。母亲去世后，父亲虽然还在经营生意，但却变得克制自己了，也许——这是非常有可能的——在机缘巧合下扮演了一个更加重要的角色——但是无论如何这两年生意取得了相当惊人的进展，他不得不将职员人数增加一倍，当然营业额也增加了四倍，接下来还会有进步。

不过这位朋友对这种变化一无所知。大概最后一次是在那封哀悼信里，他还曾想说服格奥尔格移民去俄罗斯，并且详细描述了这个愿景，它正好适合格奥尔格在彼得堡的业务部门。这些与格奥尔格现在的生意规模相比不值一提。可格奥尔格却没兴趣将他生意上的成就写给这位朋友看，若是他现在补做此事，那么此事定有什么引人注目之处。

因此，格奥尔格局限于总是只给这位朋友写一些没有意义的偶然事件，就像人们在回想一个宁静的星期天时涌现在记忆里的那些事情。在很长一段时间里，这位朋友都在介绍家乡，并且对此感到满足，格奥尔格只想让朋友的介绍不被打断，除此之外什么都不要。因此，格奥尔格身上发生了这样一件事，他在间隔甚远的三次书信中向这位朋友诉说一个冷漠的男人与一个同样冷漠的姑娘订婚的事情，直到后来，格奥尔格发现适得其反，这位朋友竟然开始对这件奇特的事情感兴趣了，他便不再诉说此事。

可是，格奥尔格宁可写这些东西给他，也不愿坦白他自己一个月前和弗里达·布兰登费尔德小姐——一位有钱人家的姑娘订婚的事。他常常和他的未婚妻说起这位朋友，尤其是他和他之间存在的这种特殊的信件往来关系。"这么说来他绝不会来参加我们的婚礼，"她说，"但我有认识你所有的朋友的权利。""我不想打扰他，"格奥尔格回答道，"多少理解我一下吧，他有可能会来，至少我觉得会，可是他也许会觉得勉强或有受伤的感觉，他也许会嫉妒我，而且肯定会感到不满，也没能力消除这种不满，再独自一人回去。独自一人——你知道这意味着什么吗？""嗯，难道他不能通过别的方式得到我们结婚的消息吗？""这我当然无法阻挡，可是从他的生活方式来看，这不太可能。""如果你真的有这样的朋友,格奥尔格,那你就根本不应该结婚。""是的,这是我们两个人的错,但我不想改变这一切。"接着,当她被他吻得呼吸急促并且依旧说"可这真的伤害到我了"的时候,他确实觉得把一切写信告诉这位朋友才不会让人为难。我就这样被困住了,他就这样把我困住了,他对自己说。我无法从我的身体里剪出那么一个或许适合于他的这段友情的人,除了我自己。

事实上,在他这个星期天上午写给他朋友的那封长信中,他这样告知对方他订婚的事情:"最好的新消息我留在了最后。我和弗里达·布兰登费尔德小姐订了婚,是一位有钱人家的姑娘,这家人在你离开很久之后才在这里定居下来,所以你大概不知道他们。以后还会找机会向你进一步介绍我未婚妻的情况,今天你知道我很幸福,而且在我们的相互关系中只有一点改变,就是我不再是你的一个颇为普通的朋友,而是一个幸福的朋友,就足够了。此外,我的未婚妻向你致以真诚的问候,并且下次会亲自写信给你,你也将得到一个真诚的女性友人,这对一个单身汉来说并不是完全没有意义的。你有各种各样的理由不来我们这里做客,但是我的婚礼难道不是一次克服所有阻碍的合适时机吗?但是不管怎样,你不要有任何顾虑,按着自己的意愿行动吧。"

手里握着这封信,格奥尔格坐在他的书桌旁,把脸转向窗户良久。一个熟人在路过这条街的时候跟他打了声招呼,他连一个心不在焉的微笑都没有回给人家。

最终他把这封信塞进口袋,走出他的房间,横穿走廊,走进他父亲的房间,父亲已经有几个月不在这里了。一般情况下也没有这个必要,因为他和父亲在生意上持续往来,同时在一家餐馆里吃午餐,只是晚上各自随意安排。如果格奥尔格不像以往最常见的那样和朋友在一起,或像现在这样去探望他的未婚妻的话,他们晚上大部分时间还是会在共同的客厅里坐一会儿,各自看各自的报纸。

格奥尔格感到惊讶,就算在这样阳光明媚的早上,父亲的房间也十分昏暗。这是因为耸立在狭窄的庭院对面的高墙投下了这片阴影。父亲坐在窗边的角落里,角落用各种纪念已故母亲的物品装饰着。父亲读报纸时,将报纸从旁边拿到眼前,想要以此来平衡欠佳的视力。这张桌子上放着剩下的早餐,看起来被吃掉的不是很多。"啊,格奥尔格。"父亲说着,立刻向他走去。他厚重的睡袍在走路的时候散开了,末端绕着他飘动。"我的父亲仍然是个巨人。"格奥尔格对自己说。"这里真是昏暗得让人难以忍受。"他接着说。"是的,确实很昏暗。"父亲回答道。"这扇窗户你也关上了吗?"

"我更喜欢这样。"

"外面真的相当暖和。"格奥尔格像沉浸在过去似的说道,并坐了下来。

父亲收拾早餐餐具,把它们放在了一个盒子里。

"我其实只是想告诉你,"格奥尔格继续说,完全徒劳地追随着这位老者的动作,"现在我真的要向彼得堡宣布我订婚了。"他把那封信从口袋里抽出来一点,又让它掉落回去。

"为什么是彼得堡?"父亲问道。

"当然是向我的朋友。"格奥尔格说着,看向父亲的眼睛。在生意上他的确颇为与众不同,他想。就像他在这里叉开腿坐着、手臂交叉在胸前一样与众不同。

"是。——你的朋友。"父亲用强调的语气说道。

"你知道的,父亲,起初我想要对他隐瞒我订婚的事情。出于尊重,而非其他什么原因。您自己是知道的,他是个难相处的人。我对自己说,他也许能从其他方面知悉我订婚的事情,即便在他那孤独的生活方式中这几乎是不可能的——这是我无法阻止的——但是他不应该从我这里知悉此事。"

"现在你的想法又变了?"父亲问着,将那份大报纸放在窗台上,并将眼镜放在报纸上,用手盖着报纸。

"是的,现在我又考虑了一下。我对自己说,如果他是我的好朋友,那么我订婚这件幸福的事情对他而言也是幸福的。因此我不会犹豫对他宣布此事。但在我将此信投寄出去之前,我想先告诉您。"

"格奥尔格,"父亲说着,把那没有牙齿的嘴咧得宽宽的,"听着。你是因为这件事情来找我,是为了和我一起商量的。这无疑让你感到自豪。但是,如果你现在不告诉我全部真相,那么这什么都不是,比什么都不是更糟糕。我不想招惹那些不属于这里的东西。自我们珍爱的妈妈故去以来,已经发生了一些不好的事情。也许是时机已到,也许它们来得比我们预想的更早。在生意上我错过了一些事情,也许没人对我隐瞒这些事——现在我完全不愿意做这种有人对我隐瞒这些事的假设——我已不再强壮,我的记忆力也在下降,我不再有对所有事情的那种洞察力。首先,这是一种自然过程;其次,我们这位妈妈的去世对我的打击比你大得多。——然而,由于我们恰恰还停留在这件事情上,停留在这封信上,因此我请你,格奥尔格,不要欺骗我。这是一件小事,不值一提,所以不要欺骗我。你真的有这么一个在彼得堡的朋友吗?"

格奥尔格尴尬地站了起来。"索性别管我的朋友们了。对我而言,上千位朋友也取代不了我的父亲。您知道我是怎么想的吗?您不够爱惜自己,但年龄到了就要休息。在生意上,您对我而言是不可缺少的,您很清楚这一点,但是如果做生意威胁到您的健康,我宁愿明天就永远停掉它。这样不行。若是这样,我们还得给您建立另一种生活方式。但要从头开始。您坐在这儿,在昏暗中和客厅里,有美妙的灯光。您品尝着早餐,而不用刻意去增强体力。您坐在关着的窗前,空气使您如此舒适。不,我的父亲。我会去请医生来,我们要遵循医嘱。我们会交换房间,您搬去前厅,我搬来这里。您不会觉得有什么变化,所有东西都会一起搬过去。但这一切都需要时间,现在我还要把您稍微往床上移一移,无论如何您都需要安静。来吧,我会帮您搬出去,您会看到,我能做到。或者您想立刻到前面的房间去,然后暂时躺在我的床上。顺便说一下,这是非常明智的。"

格奥尔格紧挨着他父亲站着,父亲的头耷拉在胸前,白发蓬乱。

"格奥尔格。"父亲一动不动地轻声说道。

格奥尔格立刻跪在了父亲身旁,他在父亲疲惫的脸上看见眼角一对硕大的瞳孔正盯着自己。

"你在彼得堡没有朋友。你一直是个爱开玩笑的人,可惜在我面前也不知收敛。你怎么可能恰巧在那里有一个朋友。对此我完全不相信。"

"就考虑一下吧,父亲。"格奥尔格说着,把父亲从沙发上抬起来,脱掉他的睡袍,他现在确实十分虚弱。"现在离我的朋友拜访我们已经过去快三年了。我还记得,您不是很喜欢他。至少有两次我当着您的面否认他是我朋友,尽管他恰好坐在我的房间里。是的,我很能理解您对他的反感,我的朋友有他自己的个性。可是,后来您却又跟他相谈甚欢。当时我还感到十分自豪,因为您倾听他说话、点头并且向他提问。如果您想一想,肯定会记起来的。他当时讲述了一些令人难以置信的有关俄罗斯革命的故事。例如,他在基辅出差的时候,在一场暴乱中看见一名亚美尼亚神职人员在阳台上,他在平坦的手掌上割出血十字,并举起这只手,呼唤着人群。您自己有时候还重述这个故事呢。"

与此同时,格奥尔格成功地将父亲重新放下,小心翼翼地脱掉他穿在白内裤上的紧身裤和袜子。瞥见他那不是特别干净的衣物时,他责备了自己对父亲的疏忽。似乎照顾父亲更换衣物也理所当然是他的义务。他还没跟他的新娘明确地谈论过,他们要怎么安排父亲的未来,因为他们已经默许了父亲一个人留在这间老公寓里面。但是现在他非常明确地下定决心,要将父亲带去他今后的家中。如果更仔细地留意观察,就会发现,想要在那里照顾父亲,或许为时已晚。

他用双臂将父亲抱上了床。他有一个可怕的感觉,在走到床边的这几步里,他发现父亲在玩他的怀表链子。他不能马上把父亲放在床上,因为他将这表链抓得那么紧。

不过他刚一上床,一切似乎就顺利了。他把自己盖上,然后把毯子往肩膀上方使劲拽了拽。他不带敌意地抬头看向格奥尔格。

"对吗?您已经记起他了。"格奥尔格问道,并向他鼓励地点点头。

"现在盖好了吗?"父亲问道,仿佛他看不到自己的双脚是否完全盖上了似的。

"看样子您喜欢待在床上。"格奥尔格说着,把铺盖给父亲裹得更严实了点儿。

"盖好了吗?"父亲再次问道,看起来对答案特别关注。

"尽管安心吧,您盖好了。"

"不",父亲喊道,这个回答与提问跟得太紧,几乎重叠在一起,他使劲把毯子向后甩,以至有那么一瞬间它在飞翔中完全展开并且笔直地立在床上,他只用一只手轻轻地抵着天花板。"你想把我遮住,这我知道,我的小饭桶,但是我还没有被遮住。这也是最后一丝力气,用在你身上足够了,对你来说太多了。我确实认识你的朋友。他在我心中也许就像是一个儿子。这件事你欺骗了他整整一年。还有什么别的理由?你以为我没有为他哭泣过?为此你把自己关在办公室里,不让任何人打扰,老板忙前忙后,就为了让你能给俄罗斯那边写你那封假信。可幸运的是,不用任何人教,这位父亲就能看穿这个儿子。

正如你所愿,你打败了他,他如此灰心,以至你可以用屁股坐在他身上,他也不会动弹,因为这位先生,我的儿子,决定结婚了。"

格奥尔格抬头看着他父亲这副可怕的模样。那位彼得堡的朋友,父亲突然对他如此熟悉,前所未有地打动了他。他看见他的时候,他在遥远的俄罗斯形单影只。他看见他的时候,他靠在被抢劫一空的商铺门上。刚刚还看见他站在货架的残骸之间,在货物的碎片之间,在下落的燃气管道之间。为什么他非要离开去那么遥远的地方?

"看着我。"父亲喊道。为了控制局面,格奥尔格几乎手忙脚乱地向床边跑去,却停在了半路。

"因为她撩起了裙子,"父亲开始柔声细语地说,"因为她那样撩起裙子,那个恶心的蠢女人。"为了展现这个画面,他把睡衣掀得老高,高到可以看到他大腿上战争年代留下的伤疤,"因为她把那裙子如此这般撩起来,你已经勾搭上她了吗,以便能在她那儿肆无忌惮地满足自己?你是不是亵渎了对我们这位母亲的怀念,是不是背叛了那位朋友,还把你的父亲塞到床上,好让他无法动弹?不过他还能不能动弹呢?"

他赤裸裸地待在那儿,伸直双腿。脸上露出洞察一切之后的喜悦。

格奥尔格站在一个角落里,尽可能离父亲远一点儿。很久之前他就已经下定决心,要全神贯注地观察一切,以免被人迂回地、从后往前或从上向下地抓住。现在他又回想起这个早已被遗忘的决定,然后穿针引线似的瞬间忘记它。

"可这位朋友现在确实没有被出卖。"父亲喊道,用他的食指指指点点的动作来强调这一点。"此刻在这里,我就是他的代表。"

"伪君子!"格奥尔格忍不住喊了出来,立即意识到造成了伤害,只是当他目光坚定地咬了一下舌头,疼得跌倒的时候,已经为时已晚。

"是的,当然,我演了一部喜剧。喜剧,好词。这位鳏夫老父亲还剩下别的什么慰藉吗?说——在回答的这一刻你还是我的亲生子——你在我的仓库里给我剩了些什么,我会被不忠的员工迫害,我老到骨子里了。我的儿子欢呼着周游世界,做着我已经准备好的生意,然后带着一张难以接近的绅士脸从他父亲面前离开。你以为我没有爱过你吗,我,这个生你的人?"

现在他要弯下身子了,格奥尔格猜想。也许他会跌倒并且摔断骨头!这句话穿过他的脑袋嘶嘶作响。

父亲弯下了身子,却没有跌倒。由于格奥尔格没有如他所愿向他靠近,他又自己站了起来。

"待在原地别动,我不需要你。你以为你还有力气过来这里吗,你还是留在原地吧,因为你想要这样。你别搞错了。我始终是比你更强大的人。也许我本来不得不退缩,可是你母亲把她的力量给了我,我和你的朋友建立了极好的联系,你的顾客在我这个口袋里。"

他连衬衫里也有口袋,格奥尔格对自己说,并且相信,他的这些话也许会让他四处碰壁、一事无成。他的这种想法只存在了一会儿,因为他总会忘掉所有事。

"你只管挽着你的新娘,向我走来好了。我来把她从你旁边扫走,你不知道该怎么做。"

格奥尔格扮出一脸怪相,好像他无法相信似的。父亲只是冲着格奥尔格那个角落肯定地点了点头,表明他所说的话的真实性。

"今天当你过来问我是否该写信把订婚的事告诉你朋友的时候,你可真是逗乐我了。他什么都知道的,傻小子,他什么都知道。我确实写过信给他,因为你忘记把我的书写工具拿走了。这就是他已经多年没有来的原因,他真的什么都知道,他知道的甚至比你自己还多千百倍。你的信他看都不看就揉成一团攥在左手上,而用他的右手拿着我的信在面前读。"

他激动地把手臂抡到头顶之上。

"他什么都知道,更甚千百倍。"父亲喊道。

"千万倍。"格奥尔格说,为了取笑父亲。然而这个词在他口中还有一种极其严肃的音调。

"多年前我已经料到你会带着这个问题来找我。你还以为我在关心其他事,你还以为我在读报纸。这里!"他把一页报纸扔向他,这报纸不知怎么被他带到床上去了。这是一份旧报纸,有一个格奥尔格已经十分不熟悉的名字。

"在你成熟之前,你已经犹豫了多么长时间。母亲是去世了,她无法活着见到这个喜庆的日子,那位朋友也会在他的俄罗斯死去,三年前他就已经病到要被抛弃了,而我,你也看见了,我现在是怎样的。这些是你亲眼所见的。"

"所以你算计我!"格奥尔格喊道。

父亲顺带同情地说:"这话也许你应该早点说,现在已经不适合了。"

他又更大声地说:"现在你知道在你之外还有什么了吧,迄今为止你就只知道你自己!你本质上确实是一个纯洁的孩子,但你在更本质的层面是一个恶魔般的人!"

"所以你要明白,我现在就判处你溺水身亡!"

格奥尔格感觉像是被驱赶出那个房间的,父亲在他身后从床上跌落的撞击声依然环绕在他耳边。他着急忙慌地跨过楼梯上的台阶,像跨过一个倾斜的平面一样,这让他的女仆大吃一惊。她正想上楼去,因为要在今晚将这间屋子打扫干净。"天哪!"她叫了一声,用围裙遮住脸,可他已经离开了。他跳出这扇门,穿过马路到了水边。他牢牢地抓住了栏杆,像一个饥饿的人抓住食物一样。他像一名曾在青年时代成为父母的骄傲的优秀的体操运动员那样跃了过去。他的双手越来越无力,却依旧抓着栏杆不放,他发现护栏之间的一辆公共巴士可以轻松地盖住他下落的声音,于是小声喊道:"亲爱的父亲母亲,我永远爱你们。"然后跳了下去。

这一刻,这座桥上的交通简直望不到头。

〈1912 年 9 月〉23 日

《判决》的故事是我在 22 日至 23 日夜里,从晚上 10 点到早上 6 点一气呵成写出来的。我几乎无法把因久坐而变僵硬的双腿从书桌下面抽出来。这种极致的疲惫和喜悦,就好比故事在我眼前进行，就好比我在水流中前行。多少次夜里我的背部沉重无比。似乎可以不惜一切代价，为所有的想法，哪怕是最罕见的念头，燃起一大团火，它们在这团火里消失与重生。窗前的天空变得湛蓝。一辆车驶过。两名男子从桥上走过。我在2点钟最后一次看了看表。在那个女仆第一次穿过前厅时，我写下了最后一个句子。灯光和日光渐渐熄灭。心脏微微疼痛。午夜时分疲惫消失不见。妹妹颤巍巍地走进房间。朗读。在这之前，在女仆面前舒展开四肢，并说道："我到现在为止都在写作。"床看上去是没人碰过的样子，就像刚刚才被搬进来一样。想法得到证实，即我和我的小说创作正处于可耻的沼泽之中。只有这样，只有在这样一种关系中，用这样一副完全开放的躯体和心灵，我才能写作。上午在床上。永远清澈的双眼。许多写作时伴随的感受：快乐的感受，譬如我有一些美好的想法要给马克斯的《阿尔卡迪亚》，当然是关于弗洛伊德的思考，一处是关于《阿诺尔德·贝尔》的思考，另一处是关于瓦色曼的思考，在一处（断裂之处）是关于韦弗尔的《女巨人》的思考，当然也有对我的《城市的世界》的思考。

我，只有我是剧院底层的观察者。

古斯塔夫·布伦克尔特是一个简单的人，有着规律的习惯。他不喜欢不必要的浪费，对有那种浪费行为的人有固定的评价。尽管他还是个单身汉，但他觉得自己有资格在他亲戚的婚姻大事里发表决定性言论，而那个对他的资格提出质疑的人，非常不受他待见。他习惯于将自己的想法完全表达出来，也不刻意挽留那些完全不接受他想法的听众。好像到处都有人钦佩他，赞赏他，欢迎他，终究还是有人不想了解他。当然，倘若人们好好观察，就会发现，每个人，哪怕是最无用的人，都构成了在这里或那里绕起来的圈子的中心，那么古斯塔夫·布伦克尔特，一个本质上特别好交际的人，又怎么会有所不同？

在他生命的第35个年头，他尤为频繁地与一对名叫斯特朗的年轻夫妇交往。显然，对这位用他夫人的钱开了一家家具店的斯特朗先生来说，与布伦克尔特家族交好有各种各样的好处，因为那些到了适婚年龄的年轻亲戚大多是他们家族的，这些人迟早会考虑购置一套新家具，他们出于习惯不会忽视布伦克尔特的建议，在家具方面通常也不例外。我把他们牢牢地攥在手里，布伦克尔特经常如是说。

〈1912年9月〉24日

我妹妹说，这间公寓（故事里的）和我们的非常像。我说，怎么会？要是那样的话父亲就得住在厕所里。

〈1912年9月〉25日

用暴力阻止我写作。我在床上打滚。血流冲向脑袋，然后白白地流走。何其有害！——昨天在鲍姆那里，为鲍姆一家，我的姐妹们，玛尔塔，布洛赫博士夫人和两个儿子（一名一岁的志愿者）朗读。快结束的时候，我的手不受控制地、出于本能在面前飞舞。我的眼里含着泪水。这个故事的不容置疑性得到了证实。——今天晚上强行让自己不去写作。国家剧院里的电影放映机。包厢座。奥普拉特卡小姐，她曾被一位神职人员追踪。她一身冷汗湿漉漉地回到家。但泽。克尔纳的生活。那些马匹。那匹白马。粉尘烟雾。吕措的野外狩猎。

17岁的卡尔·罗斯曼被他穷苦的父母送到了美国，因为一个女仆诱奸了他并为他生了个孩子，随着他所在的那艘渐渐抛锚的船驶入纽约港口，他瞥见了那个早就观察过的自由女神像，仿佛被一道突然变强的阳光笼罩。她那持剑的臂膀仿佛再次耸起，自由的空气飘浮在她周围。

"真高。"他对自己说道，然后被越来越多经过他身边的行李搬运工一点点挤到了甲板栏杆上，好像他根本不想走一样。

他在航行中与一名年轻男子匆匆相识，这男子经过时对他说，喂，您到底还是不想下船吗？"我都已经准备好了。"卡尔笑着对他说，由于年少轻狂、身强力壮，说话的同时他把箱子举到了肩膀上。但是，当他越过那个轻轻挥动手杖、与其他人一起渐渐远去的熟人，向对面望去的时候，他发现他把雨伞忘在了下面的船上。他迅速请求那位看起来并不愉快的熟人，求他好心在他的箱子旁等一会儿。他迅速环视了一下周围的情况，以便找到回来的路，然后赶忙动身了。他在下面发现了一条能极大缩短路程的通道，令他遗憾的是，这通道头一次被封住了。这大概和全体乘客登陆有关，于是他不得不穿过无数狭小的空间，千回百转的过道、断断续续的短楼梯、一个里面孤零零放着一张桌子的空房间，他千辛万苦地寻找，最后他真的彻底迷了路，因为这条路他只走过一两次，而且都是随着人流走的。在他一筹莫展的时候，因为没有遇到人，只是不断听到几千只脚在地面上摩擦的声音，从远处听会以为是一台停运的机器最后一次运转所释放的一股气流，他开始不假思索地去敲打一扇小门,他被困在这门边四处打转。"门是开着的。"里面传来一声回应,卡尔这才真正松了一口气,打开了这扇门。"您为何如此疯狂地敲打这门?"一个身材健硕的男人还没看向卡尔就问道。船舱上面一盏早就用旧的模糊的灯,透过天窗舱口照进这破旧的船舱里,这里有一张床、一个柜子、一个沙发和那个人,像被堆在库房一样,几乎是一个挨一个立在那儿。"我迷路了,"卡尔说,"我在航行途中完全没有意识到。这可真是一艘大得可怕的船啊。""是的,您说对了。"这个人带着骄傲的口吻说,并且还在摆弄一个小箱子的锁,他用双手一遍遍将它合上,好听到锁舌咔嗒一声锁上的声响。"您就进来吧,"这个人接着说,"反正您也不会在外面待着。""我不会打扰到您吗?"卡尔问道。"啊,您怎么会打扰呢。""您是德国人吗?"卡尔还试图去确认一下,因为他听说有许多危险的人,尤其是爱尔兰人会威胁初来美国的人。"我是,我是。"这个人说。卡尔还在犹豫。这时,这个人突然抓住了门把手,连同门一起把卡尔推进来,并很快关上了门。"我受不了有人从过道朝里面瞅我。"这个人说着,又开始摆弄他的箱子。"每个从这边跑过的人都朝里面看,这应该是第十个驻足的人了。""可是过道里确实空无一人啊。"卡尔说着,局促不安地站到床柱边。"是的,现在。"这个人说。"不过现在,"格奥尔格心想,"跟这个人说话真难。""您上床躺着去吧,那里有更多地方。"这个人说。卡尔尽可能小心翼翼地爬上床,与此同时因为第一次尝试跳过来未果而大声嘲笑自己。可是,他还没进去就喊道:"上帝啊,我完全忘了我的箱子了。""它在哪里?""在上面,甲板上,一个熟人看着它。

104

他叫什么名字来着？"他从母亲为了这次旅程缝在他上衣衬里的暗袋里，掏出了一张名片。布特鲍姆，弗朗茨·布特鲍姆。"这箱子对您很重要吗？""当然了。""那您为什么把它交给一个陌生人？""我把我的雨伞落在下面了，得跑去取伞，但是不想随身携带那个箱子。然后我又迷了路。""您是一个人吗？没有随行的人？""是的，一个人。"也许我应该向这个人求助，这个想法从卡尔脑中闪过，我能上哪儿去立刻找到一个更好的朋友呢。"现在您也还是丢了箱子。至于雨伞我什么都不说了。"这个人坐到了沙发上，好像卡尔的事情现在引起了他一丝兴趣。"可我相信那个箱子还没丢。""信任使人幸福。"这个人说着，使劲挠了挠他那头浓密的黑色短发。在这艘船上，随着港口位置的变化，风俗也会跟着改变，若是在汉堡的话，你那熟人也许会保护那箱子，在这里，很可能箱子和人都已经没了踪迹。"要是那样的话，我可就必须赶紧上去看看。"卡尔边说边环顾四周，好像他能出去似的。"您就待着吧。"这个人说道，用一只手朝着他的胸部推去，正好将他粗暴地推回到床上。"究竟为什么？"卡尔生气地问。"因为这没有任何意义。"这个人说。"再过一小会儿我也要走了，到时候我们一起走。要么那箱子已经被偷了，那就于事无补了，您可以怀念它直到人生尽头；要么那个人还在一直看着它，那么他就是个笨蛋，就应该继续看着它，或者他是个老实人，就把箱子放在那儿，我们等这艘船上的人走光了就很容易找到它。您的雨伞也是这样。""您对这艘船很熟悉吗？"卡尔怀疑地问道。在他看来，通常这种有说服力的想法，即在一艘空船上最容易找到他的东西，似乎都有潜在的麻烦。"我就是这艘船的司炉工。"这个人说。"您是这艘船的司炉工。"卡尔高兴地叫起来，好像这超出了所有预想，他撑着手肘，更近距离地观察这个人。"就在我和那个斯洛伐克人住过的这个小房间前面，墙上被凿了一个洞，透过它可以看到机器间。""是的，我在那儿工作过。"司炉工说。"我一直都对技术很感兴趣，"卡尔说着，陷入了思考，"要不是当时必须去美国的话，我肯定会成为一名工程师。""为什么您必须去呢？""哎，别提了！"卡尔说着，亲手丢掉了整段往事。这时他笑眯眯地看着司炉工，似乎在求他对他无法承认的事网开一面。已经有一个原因了，这位司炉工说，没人知道他这么说是想还是不想讲述那个。"现在我也可以成为司炉工，"卡尔说，"我的父母现在对我会成为什么人根本不关心。""我的位置会空出来。"司炉工说着，全神贯注地将手插入裤袋里，把安插在起皱的、皮质的、铁灰色的裤子里的假腿扔到了床上，好将它们伸展开。卡尔不得不再往墙边挪一点儿。"您要离开这艘船？""是啊，我们今天出发。""究竟为什么？您不喜欢这里？""是的，这种关系就是这样，但喜不喜欢不一定总是决定因素。此外，您说对了，我也不喜欢这里。您可能没有决心在这里当司炉工，但正是那样才最容易成为司炉工。所以我坚决劝阻您。如果您想要在欧洲读大学，那么何不在这里读？美国的大学的确相对更好些。""这也是有可能的，"卡尔说，"可是我几乎没钱读书。虽然我读到过这样的故事，某人白天在商铺里工作，晚上学习，直到他成为教授和市长。可这需要极大的毅力，并不是我害怕，而是我没有这种毅力。此外，我也绝不是什么好学生，离开学校我真的不难过。这里的学校也许还要更加严格。我几乎不会英语。我认为这里的人总的来说对外地人是有偏见的。""这您也已经体验过了?哦,那好吧。那您就是我的人了。您看,我们就在一艘德国船上,它属于汉堡-美国航线,为什么我们这里不纯粹都是德国人呢?为什么顶尖机械师是个罗马尼亚人呢?他叫舒巴尔。这确实难以相信。而这个无赖在这艘德国船上榨取我们德国人的血汗。您别以为——他的空气耗尽了,他用手点火——我是为了抱怨而抱怨。我知道,他没有任何影响力,只是个年轻小伙子。但是这太可恶了。"他反复用拳头狠狠地拍打桌子,拍打的时候还目不转睛地看着拳头。"我已经在这么多船上服务过——他连续列举出20个船名,就好像那些都是一个词似的,这让卡尔头昏脑涨——而且我表现出色,得到了嘉奖,是一个受船长喜爱的工人,甚至还在同一艘商船上待了几年。"他站了起来,仿佛这是他人生中的制高点——"在这里,在这个箱子上,一切都是按照导线来布置的,容不得半点儿马虎——我在这里毫无用处,我在这里总是挡着舒巴尔的路,我是个懒汉,活该被扔出去,而且承蒙恩赐拿到了我的报酬。您明白了吗?我不是这样的。""您不可以容忍此事。"卡尔激动地说。他曾经感觉自己正待在陌生大陆岸边一艘危险的船底,现在这感觉几乎已经消失,他觉得司炉工的床是那么亲切。"您已经去过船长那儿了?您在他那儿寻求您的权利了吗?""哎,您走吧,您还是走开吧。我不想您待在这儿。您不仔细听我说的话就给我建议。我怎么能去找船长呢?"司炉工再次疲惫地坐下,两只手托着脸。"我无法给他更好的建议。"卡尔对自己说。

此外，他发现他本该去拿他的箱子，而不是在这里提出那种只被看作愚蠢的建议。当父亲将这个箱子永远托付给他时，他开玩笑地问，你会持有它多久？而现在这个昂贵的箱子可能的确已经丢了。唯一的安慰是，父亲对它的现状不会知道一星半点，即便他要调查。也只有当他到了纽约，船上的人才能勉强说出此事。卡尔感到遗憾，他几乎还没用过箱子里的东西，尽管他早就需要更换衬衫了之类。所以说，在这种情况下他的节约用错了地方。现在，当他在他的人生起点上，需要衣冠整洁地出场时，却不得不穿着脏兮兮的衬衫出现。这下有的瞧了。若非如此，丢了箱子也绝非是那么糟糕的事，因为他穿的这套西装也许比箱子里那套更好，那套原本也只是应急用的，母亲在临行前还不得不缝补它。现在他也记起来，箱子里还有一块维罗纳香肠，是母亲作为额外礼物包到行李中的，可他只能吃下很小的一部分，因为在路途中他一点儿胃口也没有，在甲板间分发的那份汤已让他十分满足。可现在他多么希望把香肠拿在手上，将它敬献给这位司炉工。因为若是暗中塞给这种人任何一种小玩意儿的话，都容易博得他的好感，这是卡尔从他父亲那里学到的，父亲就是用分发雪茄的方法博取所有和他有业务往来的底层员工的好感。此刻，卡尔身上还有钱可以赠送，不过他暂时不想动这些钱，因为他没准儿已经丢了那个箱子。他的思想又回到了箱子上。他现在真的不能理解，为什么他在途中如此留心守护这个箱子，以致他几乎牺牲了睡眠时间，而现在竟如此轻易地就让人拿走这个箱子。他回想起那五个夜晚，在那期间他不停地怀疑一个斯洛伐克人盯上了他的箱子。他躺在卡尔左边，跟他隔着两个床铺。这个斯洛伐克人只是在窥伺着，等到卡尔最终被虚弱侵袭而打盹儿的时刻，他就能用一根长杆将这个箱子拉到自己身边，这杆子他白天一直在舞动或者说操练。白天的时候，这个斯洛伐克人看上去很无辜，可是晚上还没到，他就不时地从他的位置站起来，并且悲伤地向卡尔的箱子看过来。卡尔能很清楚地看出他的举动，是因为总有人带着移民的喧闹，在这里或那里点燃一盏小灯，尽管按照船上的规定，这是被禁止的，他们还试图读懂那令人费解的移民机构的宣传册。当这种光亮在附近的时候，卡尔便可以稍稍打个盹儿，当这灯光远去或者周围一片黑暗时，他就必须睁着眼睛。这种努力着实让他筋疲力尽。现在这也许完全是徒劳。倘若他还会在某处遇见这位布特鲍姆就好了。

这一刻，在外面，在迄今为止彻底的寂静之中，从远处传来微弱而短促的撞击声，像是孩子的脚步，他们走近了，响声变大，现在是男人们平稳行进的声音。显然他们是列队行进的，在这个狭窄的过道中理应如此，人们可以听到像是武器发出的当啷声。卡尔刚要在床上舒展四肢，把自己从对那个箱子和斯洛伐克人的所有忧虑中解放出来，这时他吓了一大跳，推了一下司炉工，这才终于引起他的注意，因为那个队列的前端似乎正好到了这扇门的位置。"这是船上的乐队。"司炉工说道。"他们在上面表演完了，正要收拾行李。现在一切都结束了，我们可以走了。来。"他抓住卡尔的手，最后一刻还从床上方的墙上取下了圣母像，把它塞进上衣胸前的里袋，抓住他的箱子，和卡尔一起匆匆离开了这个小舱。

"我现在要去办公室，跟东家说我的想法。那里已经没人了，不必顾虑。"司炉工用不同的语气重复道，在走路过程中把脚踢向旁边，想要踩住一只在路上到处乱窜的老鼠，但结果只是将这只老鼠更快地踢进洞里，老鼠最终被赶进了洞。他的动作特别慢，因为就算他有一双大长腿，这腿也还是太重了。

他们穿过厨房区，那里有几个姑娘系着脏兮兮的围裙——她们是故意把水洒在围裙上的——在大圆木桶里面清洗餐具。司炉工把一个叫莱恩的女人叫了过来，搂住她的臀部并把她带走。她不断卖弄风情地挤压他的手臂。"现在是付清工资的时候了，你要一起去吗？"他问。"为什么我要受这个累，最好把钱带来给我。"她回答道，从他的手臂下面钻过去，溜走了。"你究竟在哪儿捡到这个漂亮的男孩的？"她又喊道，但并不想再听到答案。可以听到所有姑娘的笑声，她们暂停了她们的工作。

他们继续走着，走到一扇门前，门上有一个小的山墙，山墙被一个镀金的女像柱顶起。这在一艘船上显得相当富丽堂皇。卡尔发现他从没来过这个区域，这可能是航行中留给一等舱和二等舱乘客的，而此刻在声势浩大的船舶清洗工作中，分隔门被拆卸了下来。他们也的确遇见了几个肩上扛着扫帚的男人，他们跟司炉工打了招呼。卡尔对这种大场面感到吃惊，他在甲板间对此显然少有耳闻。电缆的金属线也沿着过道延伸，人们能持续听到一口小钟的声音。

司炉工毕恭毕敬地敲了门，当有人喊"进来"的时候，他用一个手势敦促卡尔进去并且示意他不用害怕。他也进去了，可他站在门口不动。他在这个房间的三扇窗户前看见了海浪，在观赏海浪欢快的运动时,他的心脏跳动了,仿佛他在漫长的五天中没有持续不断地看到海似的。大型船舶的航线相互交错,并且只有在可承受的海浪冲击力的范围内,才会任由海浪拍打。如果人们把眼睛眯起来看,就会觉得这些船似乎纯粹是因为海浪的拍击而摇晃的。它们的桅杆上挂着细长的旗子,虽然旗子在航行中绷紧了,但还是跳动不停。似乎从战舰上传来了礼炮的声响,从不远处驶过的船上的炮筒,像被平稳、光滑但又不水平的航道抚摸过一样,在钢壳的反射中熠熠发光。人们至少可以透过这扇门向外观察小船和小艇,但仅限远处,观察它们如何驶入那群大船之间的缝隙中。伫立在这一切背后的却是纽约,它正透过摩天大楼的千百扇窗户看着卡尔。是的,这个房间里的人知道自己此刻在哪里。

这张圆桌旁坐着三位绅士,一位是大副,身穿蓝色海员制服,另外两位是港务局官员,身穿黑色美式制服。桌上放着高高摞起的各种文件,大副先用手中的羽毛笔掠过这些文件,然后将它们递给另两位官员。他们一会儿阅读,一会儿摘录,一会儿放进他们的公文包里,要不然就是其中一个不断用牙齿发出一些细小声音,口述一些东西让他的同事记录下来。

一位较为矮小的绅士坐在窗边的书桌前,背朝着门,摆弄一些大型古书,这些书在一个与他头部齐高的结实的书架上依次排列着。他旁边是一个敞开的、至少第一眼看上去是空着的出纳台。

第二扇窗户是空的,有最好的观景视角。第三扇窗户附近站着两位绅士,他们在低声交谈。其中一个倚靠在窗户旁,也穿着一身船员制服，把玩着军刀的手柄。和他说话的那个人转向窗户，有时通过一个动作将另一个人胸前那排勋章掀开一部分。他穿着便服，拿着一根细细的竹棍，由于他把两只手背在身后，那竹棍也像军刀一样立在远处。

卡尔没有多少时间来仔细观察这一切，因为很快就有一个仆人向他们走来，用那种你不属于这里的眼神询问司炉工，他到底想要做什么。被问到的时候，司炉工非常小声地回答说，他想跟总出纳员谈话。仆人以他的个人立场摆手拒绝了这个请求，却还是踮着脚尖儿，绕了一个大弯避开那张圆桌，朝那位摆弄古书的先生走去。人们可以清楚地看到，这位先生在听到仆人的话时僵住了，但终究还是回头看了一眼这个希望跟他谈话的人，然后严肃地挥手拒绝了司炉工，为了安全起见也拒绝了那个仆人。于是那个仆人回到司炉工身边，用似乎要托付他什么事情的语气说道："请您立刻离开房间吧！"

司炉工在听到这个回答后，低头看向卡尔，好像他就是他的心，他默默地向他诉说他的悲痛。卡尔没有多加考虑就跑开了，斜穿这间屋子，甚至轻轻蹭到了那位大副的沙发，仆人弯着身子跟着跑，伸出胳膊像在抓害虫一样想抓住他，不过卡尔率先到达了总出纳员的桌边，他紧紧抓住桌子，以防那仆人把他拽走。

整间屋子自然立刻变得热闹起来。大副从桌旁跳了起来，港务局的两位绅士安静地用心观察着，窗边的两位绅士走到彼此身边，那位仆人认为自己不适合继续待在那些高贵的先生们感兴趣的地方，于是退了回去。门边的司炉工聚精会神地等待着需要他帮忙的时刻。最后,总出纳员在他的沙发椅上做了一个大大的右转身动作。

卡尔在他的暗袋里翻来翻去,毫不避讳将它暴露在众目睽睽之下,从里面掏出了他的旅行护照,没有进一步解释,直接打开放在桌子上。总出纳员似乎觉得这护照微不足道,因为他用两根手指将它弹到一边去,接着卡尔又把这护照放进暗袋,好像这个手续令他满意似的。"我就自己说了,"然后他开始了,"在我看来,司炉先生遭遇了不公。这里有一个叫舒巴尔的骑在他头上。司炉先生本来已经在许多船上提供了完全令人满意的服务,这些船的名字他都能叫出来,他是勤劳的,就是说,他工作做得不错,而这真是让人无法理解,为什么恰恰在这艘船上他就应该受到糟糕的待遇,虽然这里的工作不像在商船上那样繁重。所以可能只是诽谤阻碍进步,使他得不到赞赏,通常他肯定是不缺赞赏的。我只是说了这件事的大体情况,具体的控诉他自己会向你们提出。"卡尔为这件事向所有绅士们求助,因为所有人确实也都仔细聆听了,而且他们似乎非常有可能在这群人里面碰见一个圣人,这并不是说这个圣人正好就应该是那位总出纳员。此外,机智的卡尔对他认识这位司炉工才这么短时间只字未提。另外,要不是被那位拿竹棍的绅士的红脸迷惑了,他还能说得更好,他从现在的位置才第一次真正看清这位绅士。

"所说的一切都是对的。"司炉工还没等人向他发问,没错,压根儿没等人朝他看过来,他就说道。若不是戴勋章的绅士显然同意自己去倾听这位司炉工的诉说,司炉工这样操之过急就犯了一个大错。这位绅士的勋章此刻就像卡尔一样散发着光芒，仿佛他就是船长。他伸出手，用一种一锤定音的坚定语气向司炉工喊道："您过来！"现在一切都取决于司炉工的表现了，因为事关他的公正待遇，卡尔对此毫不怀疑。

幸运的是，司炉工已经充分游历世界各地的事实借此机会得到了证明。他以模范式的从容姿态从他的箱子里先拿出来一捆纸和一个笔记本，带着它们走到船长那里，完全无视总出纳员，好像这是理所当然似的，并将他的物证摊开摆在窗台上。总出纳员无可奈何，只得亲自走过去。"这个人是个有名的麻烦精，"他解释说，"他在出纳台的时间比在机器间里的时间还长。"为了让这个平静的人绝望，他把舒巴尔带了过来。"您听一下！"他转向司炉工。"您真的太过于纠缠不休了。您已经多少次被人从出纳室扔出去了，这正是您那相当、完全、毫无例外的无理要求应得的！您已经多少次从那里跑到总出纳台这里来了！又有多少次人们善意地告诉你，舒巴尔是您的直接上司，作为他的下属，您必须接受他！而现在您竟然还到这儿，如果船长先生在场的话，您不仅会为此感到羞愧，甚至会惹得他厌烦，也不会像个照本宣科的发言人，恬不知耻地对这个小家伙儿发出无聊的控诉，这小家伙儿我可是第一次在这艘船上看见。"

卡尔使劲控制自己站出来的想法。但船长也已经来了，他说："我们就听听这个人说的吧。这么长时间以来，在我看来这位舒巴尔确实太过于自由散漫了，但我说这个并不是要为您说好话。"最后一句话针对的是司炉工，不过当然了，他不能立刻支持他，但一切似乎都已走上正轨。司炉工开始做出他的解释，而且他从一开始称呼舒巴尔为"先生"的时候就战胜了自己。卡尔是多么高兴，他在总出纳员的书桌旁不停地将信秤向下压，纯粹是为了好玩。舒巴尔先生是不公正的。舒巴尔先生偏袒外国人。舒巴尔先生把司炉工逐出机器间，让他打扫厕所，可这肯定不是司炉工的活儿。有一次，舒巴尔先生的工作能力甚至受到了质疑，据说他只是表面上有能力，实际上并没有。在这个地方，卡尔使尽全力目不转睛地盯着船长，仿佛信赖他的同事一般，只希望他不会因为司炉工有点笨拙的表达方式而对他产生不利的影响。话说多了无论如何都会没有新意。即使船长仍一直看着前方，眼睛里透露着这次要听司炉工讲完的决心，可其他绅士却没了耐心，司炉工的声音很快就不再无限地笼罩在这个屋里了，这让人有些害怕。首先，穿便服的绅士活动了一下他的竹棍，敲了敲，虽然只是在木地板上小声地敲。其他绅士自然不时地看过去，港务局的绅士们显然有些急切，他们伸手去拿那些文件并开始浏览，即便还是有些心不在焉，大副再次走到他的桌子跟前，总出纳员以为自己获胜了，用嘲讽的态度深深地叹了一口气。在普遍出现的散漫之中，似乎只有那位仆人保持不变，他对那个置身于大人物之下的可怜人的苦楚有些感同身受，并真诚地对卡尔点点头，好像要以此说明什么似的。

在此期间，窗前的港口生活继续进行着。一艘扁平的货船从旁边驶过，载着一大堆圆桶，它们肯定被摆放得非常整齐，所以没有滚动，货船驶过，给屋里制造出近乎黑暗的效果。一个男人笔直地站立在方向盘旁边，在他的手抽动了几下之后，小汽艇们轰隆隆地径直开过去，倘若卡尔此刻有时间，他就能仔细观察它们。奇特的漂浮物不时地从波澜起伏的水中浮出来，又立刻被淹没，而后在惊讶的目光中沉没。热情工作的水手们向前划着远洋轮船的小艇，上面载满了乘客，他们像是被塞进去的，安静且满怀期待地坐着，不过有些人忍不住随着变换的风景转动脑袋。无休止的运动和内心的不安从喧闹的环境里转移到无助的人和他们的工作上。

然而，一切都在督促人们要抓紧时间，要直言不讳，要十分精确地描述，可司炉工做了什么呢？虽然他汗流浃背地说着话，他那颤抖的双手却早已拿不住窗户上的那些文件，对舒巴尔的控诉从四面八方向他涌来，在他看来，这些控诉中的任何一条都足以将这位舒巴尔彻底埋葬，可是他能展示给船长的，只是一种将所有情绪乱七八糟搅和在一起的悲伤。那位拿竹棍的绅士早就朝着天花板吹起了口哨，港务局的绅士们已经在他们的桌边抓住了大副，看表情没有要放开他的意思，总出纳员显然只是被船长的镇静给压制住，才没去干涉此事，对此他心痒难耐。仆人以立正的姿势随时等待他的船长下达与司炉工相关的命令。

这时，卡尔不能再继续不作为了。于是他慢慢走向那群人，在行走的过程中更迅速地思考如何尽可能巧妙地处理此事。现在确实是时候了，再耽搁一小会儿，他们两个人就差不多会被丢出这间办公室了。也许船长的确是个好人。此外，在卡尔看来，现在他恰好有一个特别的理由来表明自己是一个公正的上司，可是他毕竟不是一个工具，可以任人随意玩弄——司炉工正是如此对待他的，当然是源自他无限愤怒的内心。

于是卡尔对司炉工说："您必须更简洁、更明了地阐述此事，按照您现在的描述，船长先生没有办法评价此事。倘若他知道所有机工和小厮的名字，或者甚至知道他们的教名，那么他在这样的名字被说出来的时候就能立刻知道是谁。您真该整理一下您的控诉，先说最重要的，再慢慢说其他的，也许那样的话就不必把大部分人都提一遍。您对我描述此事可一直都是很清楚的啊。"谁如果能在美国偷箱子，那么他也能在某个地方撒谎，他在心里这样辩解。

如果能帮上忙就好了！现在是不是已经太晚了？虽然司炉工在听到那个熟悉的声音时立即停顿了一下，但他那双眼睛已经充满了泪水、受侮辱的男性尊严、可怕的回忆、眼下的极度困苦，他甚至已无法再好好地认出卡尔。卡尔在这个此刻沉默的人面前默默地意识到，就算他现在改变他的说话方式，也不会得到一丝认可，因为在他看来，他似乎已经把所有要说的话都说了，另一方面似乎他还什么都没有说，却也不能苛求这位绅士继续听完所有的话。在这种时刻，卡尔，他唯一的支持者，还走过来想要好好教训他一顿，却没有这么做，而是跟他说明，一切的一切都是徒劳。

要是我早一点来，而不是向窗外张望，卡尔对自己说道，在司炉工面前低下了头，双手拍了拍裤缝，表示一切希望都已落空。

可是司炉工误解了这个动作，大概是从卡尔身上察觉到了对自己暗暗的指责，并且好意劝阻他，可雪上加霜，现在他开始与卡尔争吵了。此时此刻，圆桌旁的绅士们早就对这无用的噪声感到愤怒，这噪声妨碍了他们的重要工作；此时此刻，总出纳员逐渐发现船长的忍耐令人费解，并且倾向于立刻爆发出来；此时此刻，那位仆人重新回到他主人的周围，用愤怒的眼神打量着司炉工；此时此刻，这位甚至连船长也不时友好地向他看去的拿着竹棍的先生，也对司炉工已经麻木了，是的，甚至已经厌恶他了，他抽出一个小笔记本，显然做起了完全不同的事情，眼睛在笔记本和卡尔之间来回游走。

"我是知道的，我是知道的。"卡尔，这位操劳之人说道，他把司炉工此刻转向他的那一股脑儿的话给挡了回去，虽然经历了争吵，但依然给他了一个朋友般的微笑。"您说得对，是对的，对此我从来就没有产生过怀疑。"因为害怕被打到，他本想要抓住他胡乱摆动的双手，当然更想把他推到一个角落里，低声说几句安抚的话，不让其他任何人听到。然而司炉工已是怒不可遏。此刻，卡尔甚至已经开始臆想出一种慰藉，就是司炉工能在万不得已之时用他的绝望之力征服在场的七个人。然而，往书桌上一看便知，那里放着一个有太多太多电线按钮的装置，还有一只手，只要向下一按，就能把整艘船连同他的那些反对者们塞满的过道翻过来。

可是这时，那位意兴索然、拿着竹棍的绅士向卡尔走来，用虽不大但明显盖过司炉工的声音问他："您到底叫什么名字？"这时，好像有人站在门后等着这位绅士说这话似的，敲门声响起。仆人向船长望去，船长点了点头。于是仆人走向那扇门并打开了它。外面站着一位男士，穿着一件旧皇袍，中等身材，从他的外表看其实不适合做机器方面的工作，他正是——舒巴尔。所有人的眼睛都流露出某种满意，甚至连船长都不例外，要是卡尔完全没有发现就好了，他吓了一跳，不得不看向司炉工。司炉工双臂紧绷，拳头握得那么紧，好像这样握紧拳头于他而言是最重要的事情，他已准备好牺牲生命中的一切。他在这里用尽了他全部的力量，包括支撑他的力量。

那位敌对者就这样无拘无束、生气勃勃地穿着节日服装站在那里，手臂下面夹着一个账本，也许有司炉工的工资单和工作证，他大方地说明自己首先要确认每个人的声音，于是盯着那一排人的眼睛看。这七个人也已是他的朋友，因为就算之前船长对他有一些指摘，或者大概也只是有些微词，但从司炉工给他造成的痛苦来看，他似乎很可能不再会对舒巴尔有所指摘。对待像司炉工这样的人，怎么严苛都不为过，倘若

（接《卡夫卡日记：1909—1912》第129页）

第七册

1913年2月11日

在审校《判决》时，只要我现在记得的、清楚理解的故事里的所有关系都写了下来。这是必要的，因为这个故事就像从我身体里正常诞生的、被污垢和黏液覆盖的新生儿，只有我才有那只能触及身体的手，也只有我有兴致去做这些事：

这位朋友是父子之间的纽带，他是他们最大的共同点。格奥尔格独自坐在他的窗边，满心欢喜地挖掘这个共同点，相信身体里有父亲的影子，并且认为一切都是平静的，除了一种短暂而悲伤的沉思。现在故事的发展表明，父亲摆脱了这个共同点，即这位朋友，并且站在了格奥尔格的对立面，由于其他更微小的共同点，即爱情、母亲的忠诚、对她忠实的回忆以及父亲最初为生意争取来的顾客，强化了这种对立关系。格奥尔格一无所有，新娘在故事里只存在于与这位朋友，也就是与这个共同点的关系之中，正因为还没举行婚礼，她还不能进入这个维系着父子之间血缘关系的圈子，很容易被父亲赶出去。这个共同点是围绕着父亲堆叠起来的一切，格奥尔格感觉它只是陌生的东西、独立的东西，是他怎么保护都不为过的东西，是经受了俄罗斯革命的东西，只因为他自己什么也没有了，只能把目光投向父亲，所以那个将他和父亲全然隔绝的判决对他产生了那么强烈的影响。

格奥尔格的字母个数和弗朗茨一样多。在本德曼里面，"曼"只是为这个故事的一切尚未知晓的可能性设计的，是对"本德"的强化。本德与卡夫卡的字母个数一样多，而且"e"这个字母跟卡夫卡里面的"a"在相同的位置重复出现。

弗里达和菲利斯的字母个数相同,首字母也一样。布兰登费尔德和鲍尔的首字母相同,而"费尔德"这个词在意思上也和"鲍尔"有某种联系[①]。也许甚至关于柏林的回想都并非没有影响,也许对马克勃兰登堡的回忆也产生了影响。

〈1913年〉2月12日

我在描写这位异乡的朋友时想到很多施托伊尔的事。我在写完这个故事大概三个月之后,偶然与他聚在一起,那时他跟我说他在大约三个月前订了婚。

昨天,我在韦尔奇那里朗诵完这个故事以后,老韦尔奇走到外面去,当他过了一会儿回来的时候,特别称赞了故事里那些栩栩如生的描述。他伸出手说道,我看见这位父亲在我眼前,同时他一直盯着那个空沙发,他在我朗诵的时候坐在那上面。

妹妹说:"这是我们家。"我对此感到吃惊,她怎么会对这个地方有误解,并说道:"那样的话,父亲就得住在厕所里了。"

〈1913年〉2月28日

在一个下着雨的秋日清晨,恩斯特·利曼来到了君士坦丁

[①] 德语的费尔德"Feld"意思是田地,"Bauer"指农民。——译者注

堡出差，按照他的习惯——这已经是他第十次出这种差了——他对无关之事不闻不问，穿过空旷的街道，去那家他总是满意且住惯了的酒店。天气差不多凉了起来，蒙蒙细雨飘进车里，他恼火了，因为这样恶劣的天气在他这一整年的差旅中一直如影随形。他把车窗拉到高处，倚在一个角落，想用睡觉来度过接下来大约 15 分钟的车程。不过因为这段路程正好经过商业区，所以他没法休息，街边摊贩的叫卖声、载重车轮滚动的声音，还有其他不仔细听就毫无意义的喧哗声，比如人群鼓掌的声音，妨碍了他一向沉稳的睡眠。

在这段路程的目的地，等待他的是一个令人不快的惊喜。在伊斯坦布尔最近发生的那场大火中，利曼在旅途中大概已经读到过这个消息，偏偏他习惯住的那家金士顿酒店几乎完全被烧毁了，这位马车夫自然是知道这件事的，但是他完全不关心他的乘客，依旧做完了这单生意，一声不吭地把他带到了酒店着火的地点。这时他从容地从驾驶座上下来，假如利曼没拍他的肩膀并且摇晃他的话，他还会把他的箱子卸下来，后来马车夫虽然不去管箱子了，却显得那么迟缓和困倦，就好像不是利曼让他放弃此事，而是他自己改变了决定似的。

酒店的底层还有部分保留了下来，上面用板条隔成的房间在各方面都建造得勉强可以住人。一个土耳其语和一个法语的通告表明，这家酒店不久之后会被重建得比以前更漂亮、更现代。不过唯一的迹象是一份三倍日薪的工作，就是用铁锹和锄头把瓦砾堆在一旁，再用一个小手推车运走。

事实表明，这片废墟中住的一部分人是因为大火而失业的酒店雇员。当利曼的马车停下来的时候,一位穿着黑色小礼服、打着鲜红色领带的先生也马上跑了出来,给利曼讲述失火的经过,利曼闷闷不乐地听着,同时把他稀疏的长胡子末梢缠在手指上,在那雇员向利曼指出大火是在哪里出现的,火势是怎么蔓延的,以及最后一切是如何毁于一旦的时候,利曼才停止卷胡须。在整个讲述过程中,利曼的目光几乎没有离开过地面,也没松开马车的左门,他正要朝马车夫喊出他该去的另一家酒店的名字,这时这位穿着黑色小礼服的先生抬起手臂,请求他别去别家酒店,而是继续留在这家酒店,他对这家酒店可是一直都满意的啊。虽然这无疑只是句空泛的客套话,没人会记得利曼,就像利曼也无法再认出他在门和窗子里面看到的任何男雇员或女雇员一样,但是作为一个珍爱自己习惯的人,他还是问道,眼下他究竟该如何对这家已经烧毁的酒店保持忠诚。这时他得知——而且不由自主地不得不对这种无理要求付之一笑——这家酒店为以前的顾客,但只为那些顾客在私人住所准备了漂亮房间的顾客,利曼只需下令,他就会立刻被带过去,那里离这儿相当近,不会耽误他的时间,价格也非常实惠,因为这确实是一种补偿,所以价格非常低廉,而且按照维也纳配方做出来的食物可能还要更好,比起以前在某些方面的确做得不好的金士顿酒店,服务也更周到。

"谢谢。"利曼说道,同时登上了马车。"我只在君士坦丁堡待五天,肯定不会去住私人住所,我会去一家酒店。不过明年,如果我再来,而且你们的酒店已经重建好了的话,我肯定只会在你们这里下榻。抱歉!"利曼正要关上车门,这时门把手被酒店经理抓住了。"先生！"这人恳求着抬头看向利曼。"放开！"利曼喊道，摇晃车门并对车夫下令。"去皇家酒店。"但是，也许是车夫没理解他的意思，也许是他在等着关门，不管怎样，他像尊雕塑一样坐在他的驾驶座上。可是这个酒店经理完全没有松开门把手，甚至还急切地挥手示意他的同事们，一起过来帮他。他对某位姑娘寄予厚望，不断喊叫着"菲妮！菲妮啊！菲妮到底在哪儿？"窗边和门里的人们朝房子里面转过身去，他们乱七八糟地喊着，有人看见他们从窗前跑过，所有人都在找菲妮。

这个拦着不让他车子开走的人，显然只是饥饿给了他做出这种举动的勇气，利曼本来完全可以把他从车门上一把推开，——这个人也意识到了这一点，所以完全不敢看利曼——但是，利曼在旅途中已经有太多不好的经历了，他不会不知道，在异国他乡，就算你非常在理，避免引起任何误会和冲突也是非常重要的。因此，他再次心平气和地下了马车，暂时不理会那个死死抓住车门的人，而是走到马车夫那里，向他重复了一遍他的任务，还明确地下达了命令，让他迅速驱车离开这里，然后他走向车门边上的那个人，表面上用一种平常的力道抓住他的手，暗地里却狠狠地按住他的关节，以至那人随着一声"菲妮"的叫喊，同时将命令语气和疼痛的爆发喊了出来，那人几乎跳了起来，手指松开了门把手。

"她来了！她来了！"这句呼喊从所有窗户里传出来，一位大笑着的姑娘，双手还扶着刚刚做好的发型，半低着头，从房子里向马车跑去。"快！到马车里去！雨下大了呀。"她喊道，同时抓住利曼的肩膀，她的脸凑到离他的脸很近的位置。"我是菲妮！"她接着轻声说道，双手沿着他的肩膀轻柔地游走。

"人们对我倒也没那么坏，"利曼自言自语地说道，并微笑地看着这位姑娘，"可惜我已不再是年轻人，不会冒没把握的险。""这肯定是个误会，小姐。"他说着转向他的马车。"我既没有让人叫您来，也不打算带您一起离开。"他从马车里还补充了一句，"您别再费心了。"

然而，菲妮已经将一只脚放在了踏板上，双手交叉在胸前说："您为什么不让我为您推荐一个住处呢？"利曼已经对他在这里忍受的一切纠缠烦透了。他探出身子对她说："请您别再用没用的问题来拖延我了！我要去酒店，到此为止吧！把您的脚从踏板上拿开，否则您会有危险。车夫，开车！""停下。"这位姑娘却喊道，这时她真的要跨上马车了。利曼摇着头站起身来，用他敦实的身体堵住了整个车门。姑娘试图把他推开，为此还用上了头和膝盖，车子因其劣质的弹簧开始摇晃，利曼抓不稳了。"您究竟为什么不想带我走？您究竟为什么不想带我走？"姑娘不停地重复着。倘若没有那个穿着小礼服的男人，利曼肯定不用通过特殊的暴力手段，就能成功地把这个健壮的姑娘推开。在菲妮接替了那个穿礼服的人之后，他似乎一直安静地待着，现在他看见菲妮摇摇欲坠了，便一跃而起般匆匆赶去从后面托住她。他似乎用尽全力试图将姑娘托进车里，在这种得到支持的感觉下，她也真的挤进了车里，关上车门，本来车门也被人从外面关上了。面对利曼始终小心翼翼的防御，她似乎自言自语道"现在好了"，先是匆匆整理了她的衬衫，然后更彻底地整理了发型。"这可真是闻所未闻。"利曼说着,退回到他的座位上,这位姑娘坐在他对面。

1914年2月16日

一无所获的一天。我唯一的快乐是昨晚确立的对更高睡眠质量的希望。

———————

我像往常一样,在店铺晚上打烊之后回家,这时我好像被人监视了一样,被人从根茨默尔住所的三扇窗户里热情地挥手致意,我想上去。

1914年2月22日

也许我真的还是这样,尽管因为睡眠不足(女画家迪特里希,白发,黑眼),左上方的头部因焦虑而疼痛,但是还能够找到一块较大的安静之地,在这里大概能忘记一切,只意识到我的美德。

———————

经理坐在桌边。侍者拿来一张卡片。

经理：又是尼特，这是个讨厌鬼，这个人是个讨厌鬼。

1914年2月23日

我动身了。穆西尔的信。让我欢喜让我忧，因为我一无所有。

1914年3月8日

如果菲利斯对我有和我一样的厌恶感，那么结婚是不可能的。王子可以娶睡美人和更邪恶一些的人，但是睡美人绝不可能是王子。

一个年轻人骑着一匹骏马从别墅大门出来。

祖母去世时，碰巧只有护士在她身边。护士说，祖母在弥留之际，从枕头上微微起身，看起来像是在找什么人，然后静静地躺了回去，就去世了。

毫无疑问，我处在完全将我包围的压抑之中，但我确实还没有与它和解，我发现它有时会松动，有时可能会炸裂。有两个办法，结婚或者去柏林，第二个办法更保险，第一个办法看起来更诱人。

我潜入水底，很快就摸清了路。一小团东西呈螺旋上升状漂过眼前，消失在绿色之中。钟状物在水的冲击下摇来晃去——假象

1914年3月9日

伦瑟在半明半暗的走廊里走了几步，打开餐室纸糊的小门，几乎没朝那边看就冲着太过吵闹的人群说道："请安静一点儿。我有一位客人。请体谅一下。"当他又返回自己的房间并听到依然如故的吵闹声时，他停顿了片刻，想再回去一次，却又改变了主意，回到了自己的房间里。

窗边那里站着一个大约18岁的青年，正朝下面的院子看去。"已经安静些了。"他说道。这时伦瑟走进来，冲他抬起了他的长鼻子和他深陷的眼睛，"根本没有变安静，"伦瑟说着，拿起桌上的啤酒瓶喝了一大口酒，"这里根本不会有安静。你必

须适应这一点，小伙子。"

我太累了，必须试着通过睡觉来修整一下，否则在各方面都会完蛋。保持自我是何其辛苦啊！建立一座纪念碑也不需要花费那么大的力气。

一般的论断：我失去了菲利斯。

伦瑟，一名大学生，坐在他的庭院小房间里学习。女仆过来告知，一位年轻男子想跟伦瑟说话。他究竟叫什么名字呢？伦瑟问。女仆不知道。

在这里我无法忘记菲利斯，所以无法结婚。

这是十分确定的吗？

是的，我可以断定，我已经快31岁了，认识菲利斯快两年了，所以肯定已经有了一个大致的了解。我在这里的生活方式却是我无法忘记的,就算菲利斯对我而言没有那样的意义。无论我在哪里,我生活方式的单调、规律、舒适和非独立性必然会牢牢地抓住我。此外,我还有一个比对舒适和非独立生活的一般偏好更严重的倾向,那就是,一切有害之事还会被我变得更有害。确实最后我也会衰老,改变会越来越困难。但是于我而言我将这一切看作是一种巨大的不幸,这可能是持久且无望的;我可能会在薪资阶梯上长年累月地吃力前行,变得越来越悲惨,越来越孤独,只要我还忍受着这种不幸。

可是这样一种生活是你期望的吗?

倘若我要结婚的话,公务员生活对我而言大概是不错的。它会在各方面给我一种面对社会、面对妻子、面对写作的有力支撑,而不要求过多的牺牲,另一方面也不会酿成懒散和依赖,因为作为已婚男人我会惧怕这些。但是作为单身汉我无法将这样一种生活进行到底。

不过你本可以结婚的,对吗?

那时我不能结婚,无论我是多么爱菲利斯,身体里的一切都在反抗此事。妨碍我的主要是对写作工作的顾虑,因为我相信,这项工作会被婚姻毁掉。我也许是对的,但是在现在的生活里,婚姻被我的单身生活给毁灭了。我有长达一年时间什么也没写,之后我也写不出任何东西,我脑子里什么都没有,除了那个想法,那个将我吞噬的想法,什么都没留下。当时我无法检验这一切。此外,在至少因这种生活方式而产生的依赖性下,我犹豫不决地走近一切,没有一击即中地完成任何事情。在这里也是如此。

为什么你放弃一切得到菲利斯的希望呢?

我已经尝试过每一种自我羞辱的办法了。在动物园里我曾说过:"说'是',就算你认为你对我的感情还不足以进入一段婚姻,但我对你的爱已经大到足以弥补这种缺失,此外也强烈到足以担负起一切。"菲利斯似乎被我的性格搞得不安了,我在一段长期的通信往来中引起了她对这种性格的害怕。我说:"我对你的爱足以克服一切烦扰到你的东西。我会变成另一个人的。"所以现在我能够承认,即便在我们关系最真挚的时期,我也常常有这样的预感和由小事引发的忧虑,就是菲利斯不怎么爱我,没有用她所拥有的全部的爱的力量来爱我。现在菲利斯也意识到了这一点,当然我的帮助是免不了的。我几乎害怕,菲利斯甚至在我前两次拜访之后已对我有了某种厌恶感,尽管我们表面上彼此友好相待,彼此称呼"你",手挽着手走路。我对她上次的回忆是她做出非常敌意的鬼脸。当时我在她家走廊里,不满足于亲吻她的手套,而是摘下手套并亲吻了她的手。此外,虽然她承诺今后要保持准时的书信往来,现在却已经有两封信没有回复我,只是通过电报承诺要写信,却没有兑现承诺,是的,她甚至连我母亲都没有回复。毫无疑问,回信应该是没有指望了。

这些事情原本永远都不该说出来的。从菲利斯的角度看,你以前的行为看起来不也是毫无指望的吗?

这有些不一样。就算是上次在夏天表面上分手的时候,我也始终坦然地承认我对她的爱;我从未用这种残酷的方式沉默不语;我的行为是有理由的,这些理由就算得不到赞同,却也可以拿来讨论。菲利斯的理由只有完全不够的爱。尽管如此，也许我该等待才对。但是我不能抱着双重绝望等待：一方面看着菲利斯在我面前日渐消失，另一方面自己陷入怎样都无法拯救自己的一种日益加剧的无能为力之中。这可能是我同自己一起尝试的最大的冒险，或者说这也许最符合我身上所有极强的恶性力量。"人们绝不会知道将要发生什么，"这不是用来说明目前情况不堪忍受的理由。

那么你要做什么？

离开布拉格。面对我遭受过的最强的人为伤害，用我掌握的最强有力的应对手段来对抗它。

离开工作岗位？

按照上面的描述，这个工作岗位是不堪忍受之事的一部分。我只是失去一个无法忍受的东西。为终身定制的保障、丰厚的薪水、没有完全铆足的干劲——这些却只是我作为单身汉用不上的东西，会变成烦扰的东西。

那么你要做什么呢？

我可以一次性回答所有这类问题。我说，我没什么可以拿来冒险的东西，每一天和每一个极小的成就都是一件礼物，我所做的一切都会成为好事。但我也可以做出更详细地回答，作为一名奥地利法学家，当然严格地说我算不上，我没什么适合自己的前程；在这方面可以为自己争取到的最好的东西，我的职位已经具备了，但我可能用不到。此外，在这种非常不可能的情况下，即我愿意调取我已有的法学知识，只有两座城市可供考虑：布拉格，我必须离开的地方，维也纳，我憎恨的地方，在维也纳我肯定会变得不幸,因为也许我将带着对这种必然性的最深刻的确信感前往那里。因此,我必须在奥地利之外。也就是说,由于我没有语言天赋,可能也做不好体力劳动或者商务工作,至少先去德国,去那里的柏林,那里有维持生计的更多机会。我在那里也可以找一份过得去的营生,在新闻业中最好地、最直接地发挥我的写作才能。此外,我是不是还能从事些充满灵感的工作,我现在连一丁点儿确信的话都说不出来。但是我相信,我将会从我在柏林拥有这种独立且自由的环境里(就算这环境从别的角度看来还是那么悲惨)获得现在我还能体会到的唯一的幸福感。

你可真是被宠坏了。

不,我需要一间屋子和一份素食,其他似乎什么都不需要了。

你去那儿不会是因为菲利斯吧?

不是,我选择柏林只是出于上述原因,不过我也爱柏林,也许是因为菲利斯和围绕她的想象,这是我控制不了的。在柏林和菲利斯碰面也是极有可能的。如果这样的碰面能帮助我将菲利斯从血液中剔除出去,那就更好了,那么这将会是柏林的另一个好处。

你身体好吗?

不好,心脏、睡眠、消化都不好。

一间小出租屋。破晓时分。杂乱无章。这位学生躺在床

上，面朝墙壁睡觉。

有人敲门。一片寂静。敲门声更响了。这位学生惊慌失措地坐起来，朝门看去。进来。

女仆（柔弱的姑娘）：早上好

学生：您要干什么？现在可是夜里啊。

女仆：抱歉。一位先生找您。

学生：找我？（顿住）胡说八道！他在哪儿？

女仆：他在厨房等着。

学生：他长什么样？

女仆：（微笑）呃，他还是个小伙子，并不是特别俊俏，我想他是个犹太人。

学生：他要在夜里上我这儿来？另外，您听着，我不需要您对我的客人评头论足。让他进来。赶紧的！

这位学生把一个小烟斗装满，抽了起来，这个小烟斗放在他床边的椅子上。

克莱佩（站在门边，看着这个学生，学生的眼睛盯着屋里的天花板，安静地吞云吐雾）

（身材矮小、笔挺，尖尖的鼻子又大又长，有点歪斜，面色发暗，眼睛深陷，手臂修长）

学生：还要站多久？您到床边来，说说您要做什么。您是谁？您要做什么？快点！快点！

克莱佩：（非常缓慢地走到床边，试图在走过去的途中通过手部动作来解释些什么。说话的时候，他通过挺直脖子和上下抖动眉毛来辅助自己。）是这样的，我也来自武尔芬豪森。

学生：是这样啊。这样挺好，非常好。那您到底为什么不待在那儿呢？

克莱佩：您想想！那是我们两个人的故乡，一个美丽却悲惨的巢穴。

―――――――

那是一个星期天的下午，他们交缠着躺在床上。那是个冬天，屋里没有供暖，他们躺在一床厚厚的羽绒被里。

―――――――

1914 年 3 月 15 日

在陀思妥耶夫斯基的棺材后面，学生们打算戴上他的镣铐。他死在工人居住区五层的一间出租屋里。

―――――――

有一次，在一个冬天的清晨接近 5 点的时候，这位学生被衣衫不整的女仆告知有一位访客。"究竟什么事？到底怎么了？"学生问的时候还睡眼蒙眬，这时一位年轻男子已经拿着从女仆那儿借来的一支点燃的蜡烛走了进来。

―――――――

除了等待，什么都没有，永恒的无助。

1914年3月17日

到父母那儿吃了饭，两小时之久都在翻阅杂志，只是偶尔看看前面，基本上只是在等，10点一到我就可以上床睡觉了。

1914年3月27日
总体上过得没有太大不同。

哈斯急忙赶去船上，跑过登陆踏板，爬上甲板，在一个角落坐下，双手托着脸，从现在起再也不为任何人操心了。船钟响起，人们从他身旁跑过，远远地，好像在船的另一头有人放声高歌。

人们正想要收回踏板时，一辆黑色小车开了过来，马车夫从远处开始叫喊，并用尽全力拽住那匹腾跃而起的马，一名年

轻男子从车里跳了出来，亲吻了一位在马车篷下弯下身子的白胡子老先生，然后拿着那个小手提箱跑上了船。那船马上就要离岸了。

大约是凌晨三点，因是夏天，天色已微亮。在冯·格鲁森霍夫先生的马厩里，他的五匹马，法莫斯、格拉萨弗、图尔内门托、罗西纳和布拉班特此时都立起来了。因为这个闷热的夜晚，马厩的门只是半掩着，两个看马人在稻草里背靠背睡着了，苍蝇在他们张开的嘴巴上随意地来回飞动。格拉萨弗就这样站着，俯视着那两个男人的脸，准备着一旦他们苏醒就用蹄子踹上去。就在这时，其他四匹马轻轻跃起，一个接一个地离开了马厩，格拉萨弗也跟着跑了出去。

1914年3月30日

安娜透过玻璃门看见房客的屋里黑漆漆的，她走了进来，打开电灯好整理床铺过夜，但是这位学生房客正半躺在长沙发上，笑着注视着她。她道了歉，想要出去。但是学生求她留下来，不必在意他。她留了下来，做了她的工作，期间侧目瞥了几眼那个学生。

1914年4月5日

倘若有可能的话，就去柏林，变得独立，日复一日地生活，也会挨饿，但是可以让他的所有力量喷涌而出，而不是在这里省着不用，或者更确切地说，变成虚无！倘若菲利斯想这样的话，也许会有助于我！

1914年4月7日

1914年4月8日

昨天一个字都没能写出来。今天也没好转。谁来拯救我？我心中的这种纷纷扰扰，在深处，几乎是看不见的。我像一个活生生的格子网，一个栅栏，坚定，也想要倒下。

今天和韦弗尔一起在咖啡馆。从远处看他在咖啡馆桌旁的样子。蜷缩着，半卧在木椅上，俊俏的侧颜压在胸前，因为丰腴（不是本身的肥胖）几乎喘着粗气，完全不受环境的影响，没有教养又无可指摘。一副和他不搭的眼镜架在脸上，使人更容易观察面部精妙的轮廓了。

1914年5月6日

父母似乎为菲利斯和我找到了一处漂亮的住所，一个美妙的下午我一直到处闲晃，一无所获。在一段因为他们的悉心照料而幸福的生活之后,他们是否依然会把我送进坟墓。

冯·格里森瑙先生是一位贵族,他有一位名叫约瑟夫的马车夫,大概没有别的雇主能受得了他。他住在门房旁边底层的一个房间里,因为肥胖和气喘无法爬楼梯。他唯一的任务就是驾马车,但也只在特殊情况下,例如在表达对客人的敬意的时候才会让他驾马车,除此之外,他就整天整周地躺着,深陷在床里,飞速眨巴的双眼从窗户里看着那些树,它们

马车夫约瑟夫躺在他的沙发床上,只有当他想从一张小桌子上拿一片带鲱鱼的黄油面包时,才会坐起来,然后又靠回去,嚼着面包四处张望。他吃力地用那又大又圆的鼻孔吸入空气,有时为了吸收足够的空气,不得不停止咀嚼,张开嘴,他的大肚皮在深蓝色制服的一大堆褶皱下不停地抖动。

窗户是开着的,可以看到一棵洋槐和一片空旷的广场。这是楼房底层一扇低矮的窗户,约瑟夫从他的沙发床上可以看到外面的一切,每个人也能从外面看见他。这是挺尴尬的,但他不得不住在这么低的地方,因为至少这半年来,自从他的脂肪急剧增加,他便不能再爬楼梯了。当得到门房旁边这间屋子时,他感激涕零地亲吻和握紧了他的雇主冯·格里森瑙先生的双手,

现在他却发现了这间屋子的缺点——永远被监视，紧邻那个令人不快的门卫、大门口和广场上的喧闹，离其他仆人特别远，因此被疏离和忽视——他现在彻底认识到了所有这些缺点，并打算请求先生让他搬回以前的房间。特别是自打先生订婚以来，这么多新雇用的小伙子无所事事地站着，到底有什么用呢？他们是想干脆抬着那位有功勋的、独一无二的男人上下楼梯吗。

一场订婚庆祝仪式。宴席已经结束，宾客们从桌旁站起来，所有窗户都已打开，这是六月里一个美好而温暖的夜晚。未婚妻站在一群女性朋友和要好的熟人围成的圈子里，其他人聚成一个个小群体，不时地发出许多笑声。未婚夫独自倚在阳台入口处，看向外面。

过了些时候，未婚妻的母亲发现了他，向他走去，说："你就这样一个人待在这儿？不去找奥尔加吗？你们吵架了吗？""没有。"

纯粹的老一套是可怕的。

女房东是个柔弱的黑衣寡妇，站在她空荡荡的住宅中间的屋子里，裙子正在往下滑。这里依然十分寂静，钟也不响。街上也是一片寂静，这女人有意选了这么一条寂静的街道，因为她想要好的男房客，那些要求安静的房客是最好的。

1914年5月27日

母亲和妹妹在柏林。晚上我将与父亲独处。我想他害怕上来。我应该跟他玩牌吗？（我发现K[①]面目可憎，它们几乎令我作呕，我却要写它们，它们肯定很能反映我的性格特点。）当我提及菲利斯时，父亲会是什么反应。

这匹白马第一次出现，是在一个秋日的下午，在A市的一条宽阔却并不十分热闹的街上。它从一幢房子的走廊里出来，一家运输公司的库房延伸到了这幢房子的庭院内，所以时常从房子的走廊里牵出畜力车或是偶尔牵出个别马匹来，因此这匹白马没有特别显眼。但是这房子也不是运输公司放马的地方。一名工人在门前用绳子将货物包裹捆扎牢固，他发现了这匹马，于是放下手里的活抬头看了一下，然后看向庭院里，想着随后是否会有马车夫跟上来。结果没人跟出来，这匹马却腾跃而起，

[①] 这里的K是指卡夫卡手迹里面非常醒目地弓形字体K。——译者注

在石板路上擦出些火花，还没踏上人行道时就用后腿有力地站了起来，眼看几乎要摔倒，但立刻控制住了自己，随后不紧不慢地在黄昏时分朝一条几近无人的街道小跑而去。这位工人咒骂了那个在他看来粗心大意的马车夫，并朝庭院里喊了几声。倒是有人出来了，但是他们马上发现并不认识这匹马，于是就只是有点惊讶地并排站在门口。过了一小会儿，这几个人才想起来，赶紧追着这匹马跑了一段，可是当他们连马的脸都看不见的时候，就立刻回来了。

这个时候，那匹马已经畅通无阻地跑到了最外围的郊区街道上了。它比一般独自奔跑的马更好地适应了街上的生活。它缓慢的步伐没有吓到任何人。它从没离开过行车道，也没离开过规定的那侧街道，如果因为一辆从交叉路上驶来的大车而有必要停下来的话，它就会停下来，倘若最细心的马车夫用马笼头牵引它的话，它就不可能表现得如此完美无瑕。尽管如此，它仍是一道引人注目的风景，不时有人停下来，微笑地看着它。一辆路过的啤酒车上有一个马车夫开玩笑地用鞭子在它身上抽了一下，它虽然受了惊吓，前腿抬了起来，但是并没有加快步子。

这个情形正好被一名警察看到了，他向这匹马走过去。它前一刻还试图去另一个方向，却被他抓住了缰绳（虽然作为驮马，它的体格并不是十分壮硕，但还是被戴上了笼头）。那位警察还非常友好地说，停！你到底往哪儿跑呢？他就在那儿，在行车道中间紧紧地牵住缰绳等着，因为他想着，马主人很快就会追上这匹逃跑的家畜的。

它有知觉，但是虚弱无力，稀薄的血流距离心脏太远。我脑海中尚存有美好的画面，但是我就此打住。昨天入睡前，这匹白马第二次出现在我眼前，我的印象是，好像它先从我面墙而卧的脑袋里踏出来，越过我的身体，从床上跳下去，然后消失了。可惜后面的描述没有被上面的开头给驳倒。

要是没搞错的话，我确实靠得更近了。这就像是在森林里某块空地上的一场精神博弈。我闯入森林，什么也没找到，由于虚弱，又马上匆匆赶出去；常常是这样，当我离开森林时，我听见或以为听见了那场战斗的武器铿锵作响；也许斗士们正在昏暗的森林中用目光搜寻着我，而我对他们的了解不仅很少，而且真假难辨。

大雨如注，猛烈异常。你迎雨而立，任凭钢铁般的雨柱穿透你的身体，你在水里滑行，这水要将你冲走，而你却停住了，就这样笔挺地等待这突如其来且不断涌入的日光。

女房东扔掉裙子，匆匆穿过房间。一位高大冷漠的女士。她凸出的下颌吓跑了男房客们。他们往楼下跑，她向窗外目送他们时，他们就把脸捂起来跑。有一次来了一位小个子的男房客，他是个矮小敦实的年轻男子，双手一直放在上衣口袋里。也许那是他的习惯，但也可能是因为他想要掩藏颤抖的双手。

"年轻人，"这位女士说道，她的下颌移到前面，"您要住在这里吗？"

"是的。"年轻男子说着，往上耸了耸肩。

"您会喜欢这里的。"这位女士说着，把他带到一把椅子旁，让他坐下。这时她发现他裤子上有一块污渍，于是她在他身旁跪了下来，开始用指甲抠那块污渍。

"您可真是个脏孩子。"她说。

"这是块老污渍。"

"所以说您就是个老脏孩儿。"

"把手拿开。"他突然说道，而且真的把她推开了。"您有一双多么可怕的手啊。"他说道，然后抓住她一只手，把它翻了过来。"上面全是黑的，下面略带白色，但还是够黑的，而且"——他把手伸进她宽大的袖子里——"您的胳膊上甚至还长了些毛。"

"您弄痒我了。"她说。

"因为我喜欢您。我不明白怎么会有人说您丑。确实有人说过这样的话。可是现在我发现，这话完全不对。"

他站了起来，在房间里来回走动。她还跪在那儿，盯着她的手看。

不知怎的，这让他变得疯狂了，他跳过去，又拿起了她的手。

"这样的一间闺房。"他接着说道，并拍了拍她微长而瘦弱的脸颊。"住在这里完全能让我更惬意。但是租金必须便宜。您不可以再接纳其他房客。您必须对我忠诚。我确实比您年轻得多，所以就可以要求忠诚。您必须好好做饭。我习惯了吃好的东西，而且绝不会改掉这个习惯。"

你们这些猪继续跳舞吧，这与我有何干系呢？

但是这比我去年写的所有东西更真实。不过也许放松关节才是关键。我还能够再次写作。

一周以来，每天晚上隔壁的邻居都要来和我搏斗。我不认识他，到现在还没跟他说过一句话。我们只是朝彼此发出过几句叫喊，这称不上是"说话"。搏斗随着一句"那么"开始，被对方按住时，有时会哀号一句"混蛋"，随着"现在"而来的是惊人的一击，"停！"意味着结束，但总还要继续搏斗一会儿。

他甚至还经常会从门边一下子跳回屋里并将我一把推倒。然后从他屋子的隔墙向我喊晚安。倘若我要彻底停止这种来往,就得退掉我的房间,因为堵门一点儿用也没有。有一次因为我要读书,把门堵上了,我的邻居居然用斧子把门劈成了两半,因为他一旦抓住什么,就很难放手,我甚至被斧子伤到了。我懂得适应环境。因为他总是在特定的时间过来,我就做一些轻松的、必要时可以立刻打断的事情。我必须这么安排,因为没等他到门口我就得放下一切,因为他就只想搏斗,其他什么都不想。倘若我觉得自己孔武有力,就会先避开他,以此来刺激他一下。我从桌下钻过去,把椅子扔在他脚前,从远处冲他眨眼,虽然跟一位陌生人开这种完全是单方面的玩笑显然不体面。但是通常我们的身体会立刻扭打成一团。显然他是个大学生,学习了一整天,晚上睡觉之前想迅速做点运动。现在,他在我这儿找到了一个好对手,倘若运气的变数忽略不计的话,我也许是我们两个人中更强壮、更灵活的那个,但他是更持久的那个。

1914 年 5 月 28 日

我后天去柏林。虽然失眠、头痛、忧虑,但也许状态比以往更好。

有一次他带来一位姑娘。我跟她打招呼的时候没有注意他，他就跳到我跟前，把我揪到半空中。"我抗议。"我喊道，并举起一只手。"闭嘴。"他冲我的耳朵低声说道。我意识到，他要不惜任何代价，就算是在姑娘面前耍阴招也要取胜，好让自己脸上有光。所以我把头扭向那位姑娘，喊道："他对我说：'闭嘴'。""噢，卑鄙的人。"这个人轻声抱怨道，他在我身上使出了全部力气。无论如何他还是将我拖到了长沙发那儿，把我放下，跪在我的背上，然后喘了口气，说："他躺在那儿了。"我想说"应该再让他试一次"，但是刚说了一个字，他就那么用力地把我的脸按进了枕头里，我不得不沉默下来。"现在好了。"这位姑娘说道，她在我的桌旁坐了下来，浏览一封放在那里的开了头的书信。"我们不是该走了吗？他正要写一封信。""如果我们离开的话，他也不会继续写它了。过来一下。抓住这儿，抓住这条腿，他颤抖得就像一只生病的动物。""我说放开他，过来。"那个人很不情愿地从我身上爬下来。这时我已经休息好了，现在我本可以痛打他一顿的，但是他绷紧全身肌肉来压制住我。他颤抖了，而且还以为颤抖的是我。他甚至还在继续发抖。但是因为那位姑娘在场，我没打扰他。我对那位姑娘说："您大概已经对这场打斗做出了自己的判断。"我从他身边经过时鞠了一躬，坐在我的桌子旁边继续写信。"所以是谁在颤抖？"我在开始写作之前问道，僵硬地将钢笔举在空中，以证明那不是我。在写作的时候我就对他们简短地喊了声再见，那时他们在门边，但是我稍微挪了挪脚，至少表示出一点道别的意思，他俩或许值得这样的道别。

1914年5月29日

早上去柏林。我感受到的是精神上的紧张，还是一种真正可靠的力量？它大概是什么样的？人一旦对写作有所领悟，就什么都不会错过，什么都不会遗漏，但也很少会有什么过分出众的表现，这是真的吗？这会不会是我和菲利斯婚姻的曙光？我觉得这种状态很奇特，不过印象中也不是十分陌生。

在门前和皮克一起站了许久。只想着我怎么能短时间内脱身，因为我的草莓晚餐已经在上面备好了。我现在要写的关于他的一切都是一种卑劣行径，因为我不让他看见任何相关文字，或者我对他看不见它感到满足。但是，我甚至感觉自己是他性格的帮凶，当我跟他走在一起的时候，我说的关于他的事情也是在说我，即便除去这样一种说明中矫揉造作的成分：

我在制订计划。我一动不动地看着前方，好让眼睛不离开我正看向的那个假想的万花筒上假想的窥视孔。我把善意的和自私的意图混合在一起，善意的意图渐渐褪去的颜色，转到了纯粹的自私意图上。我邀请天空和大地加入我的计划，但我没有忘记那些从每条小巷都能拽出来的小人物们，他们暂时更有益于我的计划。当然，这仅仅是个开始，永远只是开始。我还在这里，在我的悲痛之中，但是在我身后，计划的巨大车轮已经驶来，第一个小台子伸到我的脚下，裸体的姑娘们，就像较发达国家的狂欢节彩车上的姑娘们一样，把我拉上楼带到后面去，我飘浮着，因为这些姑娘们飘浮着，我举起一只手下令安静。玫瑰花丛在我身旁，香薰燃着火焰，月桂花环被放下来，人们将鲜花撒在我前方和上方，两个像用细方石建造而成的号手吹着军号，小小的市民们成群地跑过来，有序地跟在领队后面，那些空旷、明亮、整齐划分的自由广场变得昏暗、纷乱且拥挤，我感受到了人类努力的极限，出于自我驱动以及从天而降的灵巧，我在我这个高度上，使出了一项我多年前惊羡的柔术演员的特技，身体缓缓向后弯曲——天空正要裂开，为了腾出空间让我以自己的方式出场，却又顿住了——我的头和上身从两腿之间穿过，再缓缓地站直。这是我带给人们的最后一次高潮。看起来似乎是这样，因为我已经看见，这些长角的小鬼们正从我身下这片深邃宽广的大地上的所有门里往外挤，挤得到处都是，在它们脚下，一切都从中间裂开，它们的小尾巴将一切扫荡干净，已经有50只小鬼的尾巴从我的脸上扫过，大地变软，我一只脚陷下去，接着另一只脚也陷了下去，姑娘们的叫喊声随着我落入深渊，我垂直落入其中，穿过一个直径正好与我身体同宽却深不见底的井道。这种深不见底不会诱发任何特别的效果，我做的一切可能是微不足道的，我无意识地坠落，这就是最好的。

多斯特耶夫给他哥哥讲述狱中生活的信。

1914 年 6 月 6 日

从柏林回来。被捆得像个罪犯。倘若有人用真正的锁链将我捆在角落，在我面前安置宪兵，并且只允许以这种方式盯着我的话，那么情况也不会更糟了。这是我的婚约，所有人都在努力让我醒过来，因为无法忍受我原本的样子。当然，在所有人当中最不能忍受的是菲利斯，她完全有理由这样，因为她受的苦最多。有些东西对其他人而言只是幻想，对她而言则是威胁。

我们在家中一刻也无法忍受。我们知道有人会找我们。但是即便是晚上，我们也肯定会逃跑。我们的城市被小山环绕。我们爬上这些山丘。在下坡路上，当我们从一棵树跳到另一棵树上时，所有树木都被我们晃动了。

晚上打烊前不久商店里的景象：双手插在裤兜里，微微俯下身子，从拱门深处穿过大开的大门看向广场。操作台后面，雇员们的动作无精打采。他们有气无力地将包裹捆扎起来，无意识地掸掉几个盒子上的灰尘，将用过的包装纸层层垒叠起来。

一个熟人过来跟我说话。我那么沉，以至于几乎躺在了他身上。他提出了如下观点：有些人说这话，而我恰恰要说相反的话。他列举了他观点的论据。我动摇了。放在裤兜里的双手就像坠落进去一样，却又变得那么放松，好像只要我轻轻地将口袋翻过来，双手又快速掉落出来一样。

我把商店关了，雇员们，陌生的人们，手里拿着帽子离开了。那是六月的一个晚上，虽然已是8点，但天还亮着。我没兴趣去散步，我从未有过去散步的兴趣，但我也不想回家。在我最后一位学徒工拐过街角时，我在这间关了的店前就地而坐。

一个熟人带着他年轻的妻子走过，看见我坐在地上。"看谁坐在那儿呢？"他说。他们停了下来，尽管我从一开始就平静地看着那位男士，他还是轻轻晃了晃我。"天哪，您到底为什么在这儿这么坐着？"那位年轻的妻子问道。"我要关了我的店铺。"我说。"我的店经营得不是特别糟，我的确也能充分履行我的职责，即便不能履行全部。但是这些担忧我是无法忍受的，我控制不了雇员们，我无法和顾客们交谈。我甚至已经想好从明天开始就不再开店了。一切都认真考虑过了。"我看见这位男士用双手握住他妻子的手，试图安抚她。

"那好吧，"他说，"您想放弃您的店，您不是第一个这么做的人。我们也——他朝他的妻子看过去——会，等到我们的财产足够满足我们的需要时——希望很快能实现——比您更犹豫要不要关了我们的店铺。店铺给我们带来的满足感与给您带来的一样少，这一点您可以相信我们。但是您为什么坐在地上？"

"我该去哪里呢？"我当然知道他们为什么问我。因为他们感到同情、惊讶和尴尬，但是我完全没有能力再去帮助他们。

"你不想被我们的社交圈接纳吗？"不久前一位熟人问我，那是在午夜之后，他在一家已经几乎没人的咖啡馆里碰到了我。

已经是午夜时分。我坐在房间里写一封信，并对这封信寄予厚望，因为我希望通过它在国外找到一份好工作。这信是写给一位熟人的，我与他分别十年之后，偶然通过一个共同的朋友重新联系上了，我试图让那个熟人回忆起早已逝去的时光，同时让他明白，来自故乡的一切逼迫着我，我像从前一样没有其他良好而深刻的人脉，我在他身上寄托了我最大的期望。

市政官员布鲁德晚上快9点时才从他的办公厅下班回家。

天已经很黑了。他的妻子在大门前等着他，怀里抱着他们的小女儿。"情况怎么样？"她问。"非常糟，"布鲁德说道，"先进屋吧，然后我会把一切说给你听。"他们刚踏进家门，布鲁德就把大门锁上了。"女仆在哪里？"他问。"在厨房。"妻子回答。"那就好，来！"在一间又大又矮的客厅里，落地灯被点亮了，所有人坐下，布鲁德说："好吧，事情是这样的。我们的人全部在撤退。正如我从流入市政府的可靠消息中看出的，鲁姆多尔夫的那场争斗变得完全对我们不利。绝大部分部队已经从城市撤离。为了避免恐慌在这座城市里加剧，现在还在隐瞒此事。我认为这并非明智之举，坦白地说出实情也许更好。但是我的职责要求我沉默。当然没人能阻止我对你说出实情。此外，所有人也都猜到了真实的情况，这实情到处都能察觉到。各家各户都锁住房门，把能藏起来的都藏起来了。"

市政官员布鲁德晚上快 10 点时才从他的办公厅下班回家，尽管如此，他立刻敲了那扇将他的房间和家具商鲁姆福德的住宅分开的门，他在鲁姆福德那里租了一间房。虽然他只能听到一个模糊不清的词，但还是进去了。鲁姆福德拿着一份报纸在桌旁坐下，在这样一个炎热的七月的夜晚，他的脂肪让他难受，他把上衣和马甲扔到了长沙发上；他的衬衫

市政府的几个官员站在市政府一扇窗户的石栏杆旁，朝下面的广场看去。最后一部分后卫部队正在那里等待着撤退的命令。那是群年轻、高大、红光满面的小伙子，他们紧抓着来回窜动的马匹的缰绳。两名军官在他们面前骑着马来回走动。他们显然是在等待一个消息。他们不时地派出一名骑兵，以最快的速度消失在环形广场一条陡然上升的支路之中。到现在无一人返回。

市政官员布鲁德，一位虽年轻但已满脸胡须的男子，走到窗边那群人里。因为他的级别比较高，且因其才华而特别有威望，所以所有人都有礼貌地鞠躬，并且让他先走到栏杆那里。"这就是结局，"他说道，目光落在广场上，"这再明显不过了。"

1914 年 6 月 12 日

库宾。泛黄的脸，稀疏的头发平贴在头顶上，眼睛里不时泛出被鼓舞的光芒。害怕传染病，他亲吻了她的下巴，他觉得自己已经崩溃，他谈起给他带来这种不幸的"心爱的女人"。极其幸福地抓住最愚蠢的安慰，并且在片刻之后非常聪明地摆脱了它。——伍尔夫斯凯尔，半盲，视网膜脱落，他一定要提防摔倒或撞击，否则晶状体会掉出来，那么一切都完了。读书时一定要把书拿得离眼睛很近，努力从眼角捕捉字母。曾与梅尔基奥尔·莱希特尔一起待在印度，得过痢疾，什么都吃，在街上看见的躺在灰尘里的每一种水果都吃。——帕欣格锯断了一具女尸的一条银质贞操带，支开了那些在罗马尼亚某地挖出女尸的工人，安抚他们说，他在这里看到了一件不值钱的小玩意儿，他要带走留作纪念，然后锯断了这条贞操带，并将其从尸骨上拽了下来。假如他在乡村教堂找到一本值钱的《圣经》，或是一幅画，或是一页纸，他就会把他想要的东西扯下来，从书里，从墙上，从祭坛上，作为回礼，他放下两块赫勒，便心安理得。——对胖女人的爱。他拥有过的每个女人都被拍了照。他将一摞照片展示给每位访客看。他坐在沙发一角，访客离他很远，坐在沙发的另一角。帕欣格几乎不朝那边看，却总是知道看到了哪张照片，然后做出他的解释：这张是个老寡妇，那张是两个匈牙利女仆，等等。——关于库宾："是的，库宾大师，您的确处在上升期，如果继续这样下去，十到二十年之后您就能获得跟拜劳斯一样的地位了。"

陀思妥耶夫斯基给一位女画家的信。社交生活在我的周围进行着。只有经受过某种苦难的人才能相互理解。他们根据他们所受苦难的本质组建了一个圈子并相互支持。他们顺着自己圈子的内沿游走，互相谦让，在拥挤中轻柔地推动彼此。每个人都鼓励别人，希望反过来对自己产生影响，或者——然后这种情况就狂热地发生了——直接享受这种反过来对自己产生的影响。尽管每个人都只有苦难赋予他的经历，却还是听到了这些同病相怜的人交流的经历有天壤之别。"你就是这样，"一个人对另一个人说，"这不是抱怨，而是感谢上帝，你就是这样，因为假如你不是这样的话，那么就会有这样或那样的不幸，遭受这样或那样的耻辱。"那么，这个人是从哪儿知道这一点的呢？这句话表明，他与说话的对象必然同属一个圈子，他对安慰的需求也是同一个类型的。而在相同的圈子里，人们知道的东西也总是相同的。丝毫不存在这样的想法，即安慰的人优越于被安慰的人。因此，他们的谈话只是想象力的结合，是一个人对另一个人愿望的倾诉。有时一个人看向地面，而另一个人目光追随着鸟儿，在这些差异中他们的交流就产生了。有时他们在信仰上达成共识，两人肩并肩地向无尽的高空看去。只有当他们共同低下头，相同的锤子落在他们身上时，对他们境况的认识才会显现出来。

〈1914年6月〉14日

我步态从容，脑袋周围却抽搐起来，一枝树杈轻轻地从我头顶上蹭过，让我感到极不舒服。我内心平静，却反过来有一种对其他人的确信感。

〈1914年〉6月19日

最近几天兴奋不已。魏斯博士[①]的平静转移到我身上。他为我背负了那些忧虑。今天清晨4点钟，我在沉睡之后醒来，它们竟然迁移到了我身上。皮斯特科夫剧场。勒文施泰因！现在是索依卡粗暴的、激动人心的小说。恐惧。坚信菲利斯的必不可少。

1914年6月24日

埃莉的描述：

"亲爱的小宝贝！我渴望你那弹性十足的身体。"

我们，奥特拉和我，怎么能在对人际关系的愤怒之中平息下来。

父母的坟墓里也埋葬着儿子（"波拉克，商学院学生"）

[①] 恩斯特·魏斯（Ernst Weiß, 1882—1940），来自布尔诺（捷克）的医生、作家，从1913年夏天开始与卡夫卡成为朋友。——译者注

1914年6月25日

从大清早到黄昏时分,我在自己的房间里走来走去。窗子是开着的,那是个温暖的日子。狭窄的走道里,喧闹声不断地传进来。我在转圈儿溜达的时候,通过观察熟悉了房间里的每一件小物品。我用目光扫过了每一面墙。我探究了地毯的式样和它岁月的痕迹,直至细枝末节。我用手一拃一拃地把中间的桌子丈量了许多次。我冲着女房东过世丈夫的画像龇牙。黄昏时分,我走到窗边,坐在低矮的围栏上。这时,我偶然间第一次平心静气地从一个地方看向房间里面,仰望天花板。如果我没有搞错的话,这个被我摇动了那么多次的房间终于开始晃动起来。晃动从薄薄的白石膏装饰围绕的天花板边缘开始。像是偶然发生的一样,小块灰浆脱落,不时地带着清晰的撞击声掉落在地面上。我伸出手去,几块灰浆也掉落在我手里,我紧张地头也没回,就把它们越过我的头顶扔到了街上。天花板上的裂块还没有连成片,但是无论如何已经可以用某种方式连接起来了。但我已经放弃了这种游戏,这时从那个一直是白色的、简直白得耀眼的天花板中央开始,一种雪青色开始混合进这种白色,上面那蹩脚的白炽灯几乎就插在天花板中央。这个色彩,或者说是一道光线,一堆堆地挤向正在变暗的边缘。人们不再关注那掉落的灰浆,它们就像在一台操作极其精密的工具的压力下剥落。这时黄色、金色从旁边涌进紫色里。屋顶原本没有染上颜色,这些颜色只是让它不知怎的变得透明,似乎有东西在它上面飘浮着,这些东西想要冒出来,人们几乎已经看到那里有这种活动的轮廓,一只手臂伸展开,一把银剑来回晃动。

那是针对我的,这一点毫无疑问,一种应该将我释放的幻象已经在酝酿。我跳上桌子,以便做好一切准备,我将白炽灯连同它的黄铜棒连根拔起,扔到地上,然后跳下来,把桌子从房子中间推到墙边。那个想要出现的东西可以从容地落在地毯上,带给我它必须带来的消息。我几乎还没准备好,天花板就真的裂开了。在很高的地方,我估算不出有多高,一个天使在半明半暗中缓缓飘下,身着雪青色衣衫,缠着金绦带,一对硕大洁白的翅膀泛着丝一般的光泽。那把剑在举起的手臂里横伸出来。"啊,是天使!"我心想。"它整天都在向我飞来,难以置信的是我不知道此事。现在它要跟我说话了。"我垂下眼睛。可是当我再抬起眼睛时,天使虽然还在那里,挂在重新闭合的天花板下,那却不是活的天使,而只是一个船头上的彩绘木雕,就像是挂在水手酒吧天花板上的一样。没有别的什么了。剑柄是用来放置蜡烛和接住流动的蜡油的。我不要待在黑暗中,我把白炽灯拽了下来,还找到了一支蜡烛,爬到一把椅子上,把蜡烛插到剑柄里,将它点燃,然后坐在天使微弱的光芒里,直至深夜。

1914 年 6 月 30 日

和皮克一起在莱比锡海勒劳。我表现得很糟糕。我不能提问,不能作答,不能走动,勉强还能直视他的眼睛。那位为舰队协会做宣传的男士,那对胖胖的、吃着香肠的夫妇,我们住在他家的托马斯,将我们引到那里的普雷舍尔,托马斯夫人,黑格纳,范特尔和夫人,阿德勒,安内莉泽夫人和孩子,克劳斯博士夫人，波拉克小姐，范特尔夫人的妹妹，卡茨，门德尔松（这位兄长的孩子，阿尔皮努姆，恩格尔林格，菲希滕纳德尔巴德），森林小酒馆，"自然"①，沃尔夫，哈斯，朗诵《纳西瑟斯》，在阿德勒的花园里，参观达尔克罗兹家，森林小酒馆的晚会——布格拉②——一个接一个的恐惧。失败的事：没找到"自然"，跑穿了施特鲁韦大街；去海勒劳坐错了电车，瓦尔德申克没有房间；忘记让埃尔纳从那边给我打电话，所以我掉头回去了；再也没遇到范特尔；达尔克罗兹在日内瓦；第二天早晨到瓦尔德申克的时候已经太晚了（菲利斯白白打了电话）；决定不去柏林，而是去莱比锡；毫无意义的旅行；错乘了慢车；沃尔夫刚刚驶往柏林；拉斯克尔 - 舒勒占着韦弗尔；参观展览没意思；最后在阿尔科结束时相当无意义地向皮克提起一笔旧债。

1914年6〈7〉月1日
太累了。

---

① 这是森林小酒馆的名字。——译者注
② Bugra（Internationale Ausstellung für Buchgewerbe und Graphik），国际书画展的缩写，1914年首次在莱比锡举办。——译者注

1914年7月5日

不得不忍受并造成这样的痛苦!

1914年7月29日

关于这次旅行的笔记已经写进了另一个本子里。开始了失败的工作。但我不会认输,即便失眠、头痛,普遍能力不足。这是在我体内聚集的最后一点生命力。我做了观察,我避开这些人并不是为了安静地活着,而是为了能够安静地死去。但是现在我要为自己辩护。在上司不在的一个月里,我有时间了。

〈1914年7月〉31日

我没有时间。这是一次普通的动员。K.和P.[1]被征召入伍。现在我得到了独处的回报。当然这并不是什么回报,独处只会带来惩罚。无论如何,我很少被所有的苦难打动,而且比任何时候都更坚定。下午不得不待在工厂里,我不会住在家里,因为E.和那两个孩子搬到我家来住了。但是无论如何我都会写作,一定会,这是我自我保护的斗争。

---

[1] 卡尔·赫尔曼和约瑟夫·波拉克,是卡夫卡的两个妹夫。——译者注

〈1914年8月〉1日

陪卡尔去火车站。办公室里到处都是熟人。有兴趣开车去瓦莉那里。

〈1914年8月〉2日

德国向俄罗斯宣战了。——下午去游泳学校。

1914年8月3日

独自在我妹妹的住处。她的住处比我的房间还要幽僻，旁边也有一条街道，因此听得见邻居在楼下的门前大声闲聊。也有哨子声。若非如此，则是十足的与世隔绝之地。没有盼归的妻子开门。一个月后我本该结婚的。一句可怕的话：自己酿的酒自己喝。有个人靠墙站着，被痛苦死死抓住，战战兢兢地垂下头看那只被压住的手，发现手上有能让人忘却旧痛的新伤，那只扭曲的手以一种从未在工作上好好用过的力量将你抓住。这个人抬起头，再次感受到了最初的痛苦，又垂下头，这样反反复复，无法停止。

1914年8月4日

我很可能向房主，就是把公寓租给我的人，签字承诺写一篇文章，以此抵销我两年甚至六年的租金。现在他根据协议提出了这个要求。我表现出一副愚蠢的样子，或者更确切地说是一副终究无力抵抗的样子。滑进河里。这样的滑倒在我看来之所以如此值得期待，大概是因为它让我想起"被推"的事。

―――――――――

〈1914年〉8月5日

几乎安排妥当了，消耗了最后一滴能量。马莱克和我一起去那里做了两次证人，去菲利克斯那里是因为合同文本的事，去律师那里两次（6克朗），所有事情都是多余的，我原本能够并且应该自己做所有的事。

―――――――――

〈1914年〉8月6日

炮兵部队越过垄沟行进。鲜花、祝福和问候。极度拘谨、惊愕、专注的黑色面孔和黑色的眼睛。——我没有康复，反而更支离破碎了。一只空的容器，尚且完整却已经成了碎片，或者已经成了碎片却依然完整。充满欺骗、憎恨和嫉妒。充满无能、愚蠢、迟钝。充满懒惰、软弱和无抵抗力。31岁了。我在奥特拉的画上看见了这两位M.姓的经济学家。有活力的年轻人，他们知道些东西，并且足够有力量将这些东西用在那些必然会做出一些反抗的人们身上。——一个人牵引着漂亮的马匹，另一个人躺在草地上，一向僵硬且绝对可靠的脸上，舌尖在唇间戏耍。

〈1914年8月〉5日

我自己身上除了狭隘、优柔寡断、对这些好斗之人的嫉妒和仇恨以外,就什么也没有了,我强烈地希望他们品尝一切恶果。

〈1914年8月〉6日

从文学的角度看,我的命运颇为简单。描绘我梦幻般的内心生活的意义将其他一切挤到了次要位置,它正在以一种可怕的方式渐渐枯萎,而且在枯萎的路上停不下来。无论何时,其他一切都不能使我感到满足。可是现在,我的这种描绘内心梦幻生活的能力难以捉摸,也许它已经永远消失了,也许还会再一次降临到我身上,当然我的生活状况对它是不利的。我不停地飞向山尖,却是那样地摇摆,无法在上面停留片刻。其他人也在摇摆,只不过是在较低的区域,用更大的力量;要是他们快要掉下来,那么一位熟人会接住他们,他就是为了这个目的走在他们旁边的。但是我在那上边摇摆着,尽管那不是死亡,却是死亡带来的永久的折磨。

爱国游行。市长讲话。然后消失，然后出现并用德语宣布："我们亲爱的君主万岁，万岁。"我目光凶恶地站在一旁。这些游行是战争最令人厌恶的副作用之一。这是由犹太商人发起的。他们一会儿是德国人，一会儿是捷克人，虽然他们已经承认了这一点，却从未被允许像现在这样大声喊出来。当然他们吸引了一些人。组织得不错。应该会每天晚上重复，明天星期天会重复两次。

〈1914年8月〉7日

即便你没有一丁点儿显而易见的个性化能力，至少还可以按照自己的方式对待每个人。"来自宾茨的L."[1]为了引起注意，向我伸出手杖，吓了我一跳。

在游泳学校里迈着坚定的步伐。昨天和今天写了四页，很难越过琐碎的事情。

惊人的斯特林堡。这样的愤怒，这几页在互殴中获得的文字。

从对面酒馆里传出的合唱曲。——我刚走到窗边。睡觉似乎是不可能了。从酒馆敞开的窗户中传来整首歌曲。一个姑娘正在定音。那是些纯洁的情歌。我盼着警察出现。正好他就来了。他在门前站了一会儿，倾听着，然后喊道："老板！"姑娘

---

[1] 双引号里的内容很可能摘自给菲利斯·鲍尔写的一封关于照片说明的书信。——译者注

的声音:"弗尔基施库。"从角落里跳出来一个穿裤子和衬衫的男人。"关上门!这噪声是要给谁听呢?""哦,有请,哦,有请。"这位老板说着摆出温柔、殷勤的姿势,好像对待女士一样,他先把身后的门关上,接着打开门钻出来,然后再把门关上。这位警察(他的行为,特别是他的怒气,是让人费解的,因为这歌曲不可能打扰到他,相反,只会让他无聊的执勤变得甜蜜)走开了,合唱队队员们已经没了唱歌的兴致。

―――――

〈1914年8月〉11日

想象我留在了巴黎,和叔叔手挽着手,紧紧地靠着他,穿过巴黎。

〈1914年8月〉12日

完全没睡着。下午失眠了3个小时,昏昏沉沉地躺在长沙发上,夜里也一样。但这妨碍不了我。

〈1914年8月〉15日

几天以来我都在写东西,也许会保持下去。今天的我跟两年前的我不一样,我不再备受呵护,也不再慢吞吞地工作,但我还是认为,我规律、空虚、神经错乱的单身汉生活有它的合理之处。我可以再一次跟自己对话，并且不再那样呆望着完全的空虚之境了。只有在这条路上我才会有改进。

————————

我人生的一个时期——已经过去很多年了——我在俄罗斯境内一条小铁路上有份工作。那么孤寂，好像我从未去过那里一样。出于各种各样的原因，当时我在寻找这样一个地方，孤独越是萦绕着我，我就越是喜欢，所以现在我也不想抱怨了。最初的时候我只是缺一份工作。也许这条小铁路原本是出于某种经济上的目的而铺设的，可是资金不够，所以施工停了下来，没有通到离我们最近的叫卡尔达的大镇子，那里距离我们这儿5天马车车程，而是在一次小迁徙途中直接停在了一片荒野里，从那里到卡尔达还要一整天车程。现在，即便这条铁路延伸到了卡尔达，在不可估量的时间内依旧无利可图，因为它的整个计划是错的，这个地方需要的是公路而不是铁路，而这条铁路在当下的处境中，是完全不可能存在的，这两辆列车每天载重行驶，而这原本用一辆轻型马车就能运输，乘客也只是几个夏日田间劳动者。但是，人们不想这条铁路完全停运，因为还一直希望通过保持铁路运营来吸引扩建资金。这种希望在我看来也不算是什么希望，倒不如说是绝望和懒惰。只要还有物资和煤炭，他们就让铁路运营着，几个工人的工资是不定期支付的，有时还被克扣，仿佛这工资是恩赐的礼物。此外，他们等候着全盘崩溃。

于是我供职于这个车站，住在一个从铁路修建伊始就留在那儿的木棚里，它同时也充当车站大楼。木棚里只有一间房，里面有一个为我搭建的木板床，还有一张写作要用到的斜面桌，桌上装了一台电报机。我春天到那里的时候，有一辆火车每天很早驶过车站——后来时间变了——有时候会有这样的情况，所以乘客来车站的时候我还在睡觉。乘客当然——那里的夜晚到仲夏之前都很冷——不会待在室外，而是敲我的门，我打开门闩，然后我们常常用闲聊来打发整整几个小时的时间。我躺在我的平板床上，我的客人蹲坐在地板上，或者按照我的指示来沏茶，然后我们融洽地喝着茶。所有这些村民都很平易近人。此外，我发现我并不能承受彻底的孤独，尽管我不得不告诉自己，我强加给自己的这种孤独很快就会驱散过去的忧虑了。我甚至发现，长期将人控制在孤独里，是对不幸的一种有力对抗。孤独比一切都强大，它会将一个人重新赶进人群之中。然后人们当然还会努力找到其他看起来痛苦会少一点儿、实际上只是还不熟悉的方法。

我与那里的人的关系比我想象中更加亲近。这当然不是一种常规的往来关系。我关注的五个村庄，每一个距离车站和其他村庄都有几小时的路程。如果我不想丢掉工作，就不能离开车站太远，至少一开始我完全不想这样，所以我不能自己去村子里。我把希望寄托在那些乘客或者不惜赶远路来探望我的人身上。第一个月就已经有这样的人出现了，但是无论他们多么友好，还是能看出来，他们只是来跟我做生意的，不过他们也毫不隐瞒自己的目的。他们带来各种各样的物品，起初只要我有钱，就会毫不犹豫地买下几乎所有东西，所以我在那些人当中很受欢迎，尤其受个别人欢迎。后来，我对买的东西加以限制，也是因为我发现他们鄙视我这种购买方式。此外，我也得到了人们乘火车带来的食物，然而那些食物不仅品质很差，而且比农民们带来的贵得多。起初我打算建造一个小菜园，买一头牛，用这种方式让自己尽可能不依附于任何人。我还带来了园艺工具和种子。这里的土地非常肥沃，而且未经耕作，在我棚屋周围唯一一片地上铺展开来，目之所及没有一丝起伏。但是我那时候太虚弱了，没法征服这片土地。这是一片难以驾驭的土地，一直到春天都是凝固结冰的状态，甚至连我锋利的新锄头都抵抗得住。在这片土地里播种什么都会失败。在这件事情上我遭受过绝望的侵袭。后来我整日躺在我的木板床上，甚至连列车到站都不出去。我只是从正好安在木板床上方的小窗里探出头去，告知别人我生病了。后来，由三人组成的列车组人员到我这里取暖，不过他们并没有感受到多少温暖，因为我一般不怎么用那个老旧易爆的铁炉。我宁可躺着，裹一件暖和的旧大衣，盖着从农民那里陆续买来的各种毛皮。"你总是生病，"他们对我说，"你是个体弱多病的人，你再也无法离开这里了。"他们说这些大概不是为了让我伤心，而是希望尽可能说出实情。他们这么做的时候通常是一副独有的瞪眼呆视的样子。

有位巡视员每个月来一次，但是总是在不同时间，来检查我的登记簿，拿走我收来的钱，并且——但不总是这样——给我支付薪水。我总是会提前一天得知他要来的消息，这是那些在上一站送走他的人们告诉我的。他们认为提供这种消息是他们向我证明善意的最佳方式，尽管我每天都将一切打理得井然有序。他也

（接《卡夫卡日记：1914—1923》第 36 页）

第八册

1913年5月2日

重新写日记已经是一件非常重要的事情了。我的头脑靠不住，菲利斯，在办公室里精力衰退，身体已经无法写作，内心还渴望写作。

―――――――――

瓦莉跟在妹夫身后，从我们的门走了出去，他明天要去乔特科夫参加军事训练。值得注意的是，在这种"跟随他"里面，婚姻的认同是一种习俗，对此人们已经从根本上接受了。

―――――――――

园丁女儿的故事前天打断了我的工作。我，这个想用这份工作来治愈神经衰弱的人，肯定听说了，这位小姐的兄长，名叫扬，本来是园丁，估计也是老德沃尔斯基的接班人，甚至已经是花园的所有者，两个月前，28岁的他因为忧郁症服毒自杀了。虽然他的本性趋向于与世隔绝，但是夏天的时候他至少得跟顾客来往，所以他身体相对健康，相反，冬天的时候他就彻底与世隔绝。他的爱人是个公务员——乌瑞德尼斯——也是同样的忧郁症患者。他们经常一起去公墓。

―――――――――

体型巨大的梅纳瑟在介绍意第绪语。在他与音乐产生共鸣的行为中，某种有魔力的东西将我抓住了。我把这东西给忘了。

当我今天对母亲说我要在圣灵降临节那天前往柏林的时候，我傻兮兮地笑了。"你为什么笑？"母亲说（还有一些意见，比如"试试看，谁能永结连理"，但是我用"这不重要"等等这样的话驳回了所有意见）。"因为窘迫。"我说道，并且感到高兴，在这件事情上我终于说了一点儿实话。

昨天和拜莉女士见了面。她平静、知足、洒脱、清澈，尽管这两年来已经逐渐变为老妇人，这种在当时令人烦恼的丰腴很快就达到了乏味无趣的肥胖的边缘，步态变成了一种滚动和滑动的样子，走路时把肚子推到前面，或者更确切地说是抬到前面，而且下巴上——只要匆匆瞥一眼下巴——过去的绒毛卷儿成了胡须。

〈1913年〉5月3日

我内在的存在有种可怕的不安定。

监护人

我解开马甲上的纽扣,以便给 B. 先生看我的疹子。我示意他去旁边的房间。

麻风病人和他的妻子。她肚子朝下趴在床上,生满疮的臀部总是撅起来,尽管还有位客人在那里。这位丈夫一直大声骂她,说她应该盖上躺着别动。

这位丈夫被一根木桩——没人知道它是哪儿来的——从后面击中,打倒,而且打穿了。他躺在地上呻吟,抬着头,伸着胳膊。后来他也已经能够颤巍巍地起来站一会儿。他除了自己是如何被袭击的之外,讲不出别的,与此同时,指向他所认为的木桩过来的方向。这些每次都一模一样的描述已经让妻子疲倦了,尤其是他每次都指向不同的方向。

〈1913 年 5 月〉4 日

不断地想象有一把屠刀以最快的速度和机械的律动从旁边插向我的身体,把我切成薄薄的横切片,它们在迅速切割的时候,几乎卷起来飞走了。

一个清晨,街巷四处都还是空荡荡的,一个男人打开了主街上一座出租房的大门,他赤着脚,只穿了睡衣和睡裤。他抓住两边的门扉,深吸一口气。"你这个丧门星,你这个该死的丧门星。"他说道,先是一副平静的样子沿着街道看去,然后目光掠过一座座房子。

绝望也是从这里开始的。无处安放。

---

1. 消化 2. 神经衰弱 3. 疹子 4. 内心的不安定

要是它们在一个脑袋里
毫不对立地融合起来就好了

1913年5月24日　跟皮克一起散步。

狂妄自大,因为我认为《司炉》非常好。晚上我给父母朗诵它,当父亲极不情愿地听我朗诵时,没有比我更好的批评家了。在显然难以理解的艰深之处前面,有许多浅显易懂的地方。

1913年6月5日

一般文学作品的内在优势,在于它们的作者还活着并且跟在它们后面。过时的真正含义。

———————————

勒维,越界的故事。

〈1913年〉6月21日

我从各个方面承受这种恐惧。在医生那里做检查,当他立刻向我逼近时,我真的感觉身体被掏空,他在我身体里蔑视我,不容辩驳地发表他空洞的讲话。

———————————

我脑海中那个巨大的世界。然而我该如何解放自己和它,而不是将它撕碎？我宁可千百次地撕碎它，也不愿将它抑制或埋葬在我体内。我正是为此而待在这里的，这我十分清楚。

一个身材高大的男人，身穿一件拖到脚面的大衣，在一个寒冷的春天的清晨，大约5点的时候，用拳头叩一间小茅屋的门，小茅屋坐落在一片光秃秃的小山丘上。他每敲击一下就趴在门上倾听，小屋里依旧寂静。

1913年7月1日

渴望没有知觉的孤独。这种孤独只为我而生。也许在里瓦我就会拥有它。

大前天和《帆桨大战船》的作者魏斯在一起。他是位犹太医生，那种最接近西欧犹太人类型的犹太人，因此给人同样亲近的感觉。基督徒的巨大优势是，在一般的交往中始终拥有并享受同样的亲切感，例如在捷克基督徒中的一位信基督教的捷克人。

一对蜜月旅行的夫妇从德萨克斯酒店出来。下午。把卡片投进邮筒里。压皱的衣服，绵软无力的脚步，昏暗、温和的下午。第一眼看上去没什么特色的面孔。

在伏尔加河岸上,在雅罗斯拉夫尔的罗曼诺夫300周年庆典的图画中。沙皇、公主们闷闷不乐地站在太阳底下,只有一位娇弱无力、略微显老的女子倚着遮阳伞,朝前面眺望。王位继承人被身材魁梧、没戴帽子的哥萨克骑兵用手臂抱着。——在另一幅图画上,早已走过去的男子们在远处行军礼。

电影院里"金子的奴隶"海报上的百万富翁。抓住他!平静、缓慢而目标明确的动作,必要时加速的脚步,抽搐的手臂。富有,养尊处优,受人蒙蔽,但他怎么能像一个仆人一样跳起来,查探森林小酒馆里那间曾经关过他的房间呢。

〈1913年7月〉2日

因为23岁的玛丽·亚伯拉罕的一个诉讼报道而啜泣,因为贫穷和饥饿,她把一条当袜带使用的男士领带解开,用它勒死了她将近九个月大的孩子芭芭拉。完全是老一套的故事。

我用火在妹妹的浴室里表演一幅滑稽的电影画面。为什么我绝不能在陌生人面前表演这个？

我大概绝不会娶一个与我在同一个城市里生活了一年之久的姑娘。

〈1913年7月〉3日
通过婚姻将自身的存在延伸和提升。这是劝诫的说辞。但是我差不多预料到了。

倘若我说些什么，它就会立刻失去并且彻底失去重要性，倘若我将它写下来，即便它总会失去重要性，但有时会获得一种新的重要性。

一条穿着小金珠的带子围在一个变成褐色的脖子上。

1913 年 7 月 19 日

从一所房子里出来了四名武装男子。每个人都笔直地握着一支戟。一名男子不时地转过脸去看,那个人是否已经来了,他们就是为了他才站在这里的。那是个清晨,街道十分空旷。

———————

你们想干吗?过来!——我们不想干嘛。别打扰我们!——

———————

由此产生的内心波动。从咖啡馆里传来的音乐就这样进入一个人的耳朵里。埃尔莎·布罗德描述的一箭之遥变得清晰可见。

———————

一个女人坐在卷线杆旁。一个男人用一把插在鞘里的剑把门撞开。

男人:他来过这儿!

女人:谁?你们要干吗?

男人:那个偷马贼?他躲在这里。你别否认!(他抡了抡那把剑)

女人：（拿起卷线杆防御）没人来过这儿。你们别缠着我！

1913 年 7 月 20 日

下面的河面上有好些小船，渔夫们扔出他们的钓竿，那是个阴沉的天气。几个小伙子双腿交叉倚在码头的栏杆上。

当人们为庆祝启程而起身，并举起香槟杯时，已经是黄昏时分了。父母和几个婚礼宾客把他们送上马车。

〈1913 年〉7 月 21 日

不要绝望，也不要对你不绝望而感到绝望。当一切似乎都已结束，还会有新的力量靠近，这正意味着你活着。要是新的力量没来的话，那么这里的一切就结束了，那可真是玩儿完了。

我无法睡觉。只是做梦，不是睡觉。今天我在梦里为路面倾斜的公园发明了一种新的交通工具。拿一根树枝，不必太粗，

把它斜撑在地面上，将树枝的末端抓在手里，尽可能轻轻地坐在上面，就像坐在女士马鞍上一样，然后，整根树枝自然会沿着斜坡向下飞驰，因为坐在树枝上，所以会被带下去，还会在全速前进的过程中，在可伸缩的木头上舒服地摇晃。此外也有一种可能性，就是在上行时使用这根树枝。抛开整个装备内部的简便性不谈，主要优势是这根树枝原本就纤细且灵活，它可以下降，也可以升高，可以根据需要穿过任何地方，那些地方连一个人都难以穿过。

———————

穿过一个房子底层的窗户，脖子上缠绕着一根绳索，没注意是如何被人一不留神给拽上去的，鲜血直流，衣服被撕碎，穿过所有屋顶、家具、墙壁和阁楼，直到空荡荡的绳索出现在屋顶上。在屋顶瓦片断裂的时候，这绳索就已经将我身体余下的部分弄丢了。

———————

1913年8〈7〉月21日

特殊的思考方法。感情上的渗透。感觉一切都是一种思想，即便是最模糊的思想。（陀思妥耶夫斯基）

———————

心里的这组滑轮。一个小钩子向前移动，在某个隐蔽的地方，第一眼几乎看不出来，整个装置已经在运转了。屈从于一种不可想象的力量，就像时钟看起来屈从于时间一样，到处都在发出咔嚓声，所有链条一个接一个地按照规定的节奏嘎嘎作响。

总结所有支持和反对我结婚的说法：1. 无法独自忍受生活，并不是无法生活，恰恰相反，连让我和某个人一起生活都是不大可能的，但是，我自己生活的冲击、我自身的要求、岁月和年纪的侵袭、模糊的写作冲动、失眠、精神错乱的靠近——这一切我无法独自忍受。当然，我会加一个"也许"进去。与菲利斯的结合将赋予我的存在以更多的抵抗能力。

2. 所有事情都引发我去做同样的思考。滑稽小报上的每一则笑话，对福楼拜和格里尔帕尔策尔的回忆，在我父母为过夜准备的床上看到的睡衣的景象，马克斯的婚姻。昨天我妹妹说："所有结了婚的人（我们的亲戚）都是幸福的，我无法理解。"这句话也引发我的思考，我再次感到害怕。

3. 我不得不常常独自一人。我唯一做到的，就是成功地独处。

4. 一切与文学无关的东西，我都厌恶，谈话使我无聊（即便是关于文学的谈话），拜访使我无聊，我亲戚的痛苦和快乐使我无聊到骨子里去。谈话使我所思考的一切失去了重要性、严肃性、真实性。

5. 害怕结合，害怕变成那样。那么我就再也不是一个人了。

6. 我在我姐妹们面前，尤其是过去，和在别人面前比起来，常常完全是另一个人。不怕出丑，强大有力，一鸣惊人，这些品性依然只有在写作时才能得到。要是通过我妻子的介绍，我能在所有人面前这样表现该多好啊！可是那不就会剥夺写作的自由了吗？只有这个不行，只有这个不行！

7. 也许有一天我真的可以放弃我的工作。结婚是绝对不可能的。

在我们班里，阿马利恩高级中学高中五班，有一个小伙子叫弗里德里希·古斯，我们大家都很讨厌他。我们早早来到班里，看见他坐在炉子旁的座位上，我们不太能理解，他是如何振作起来，再次来到学校的。不过我描述的并不对。我们不只是讨厌他，我们还讨厌所有人。我们是一个可怕的联盟。有一次公立学校的督学来我们课堂上听课——那是一节地理课，教授讲摩里亚半岛的时候，目光转向黑板或者窗子，像我们所有的教授一样，这个摩里亚半岛——

那是开学的日子，已经接近晚上。高级中学的教授们依然坐在会议室里，研究着学生名单，编制新的班级花名册，聊着

他们的假期旅行。

我这个悲惨的人!

就好好鞭打这匹马吧!将马刺慢慢地刺入它体内,然后猛一下子抽出来,现在再用全部的力量将马刺插进肉里。

这是怎样的绝境!

我们是疯了吗?我们夜里穿过公园,还晃动树枝。

我驾着一艘小艇驶入一个天然的小海湾。

我在中学时期习惯偶尔去拜访一位叫约瑟夫·马克的人,

他是我已故父亲的朋友。我从高级中学毕业后——

雨果·塞费特在中学时期习惯偶尔去拜访一位叫约瑟夫·基曼的人，他是一个老光棍儿，曾经是雨果已故父亲的朋友。当雨果意外接到了一个国外提供的、需要立刻上任的职位并且要离开家乡几年的时候，拜访的习惯毫无征兆地停止了。当他再次回归故里，尽管他还想拜访那位老人，却找不到机会了，也许那样的拜访也不再符合他变了的观念，尽管他偶尔会穿过基曼住的那条街。是的，尽管雨果屡次看见他倚在窗前，而且很可能也被他看见了，他还是放弃了这种拜访。

没什么，没什么，没什么。虚弱，自我毁灭，一束地狱火焰的尖端穿过了地面。

1913年8〈7〉月23日

与菲利克斯在罗斯托克。女人们爆裂式的性欲。她们天性不纯洁。和小莉娜玩的游戏对我而言毫无意义。瞥了一眼其中一个胖女人，她蜷缩在藤椅上，一只脚明显缩了回去，一边在缝制什么东西，一边和一位老妇人聊着天，那很可能是一位老处女,她嘴巴一侧的假牙显得特别大。那位孕妇血气方刚且聪明机智。她的臀部两瓣分得很均匀,简直像被打磨过的一样。在小露台上的生活。我颇为冷淡地将这个小女孩抱在怀里,完全没有因为这份冷漠而感到不幸。在"寂静的山谷"里攀爬。

多么幼稚的一个管道工,透过商店敞开的门看去,他正坐着工作,并且不停地用锤头敲击

罗斯科夫,《魔鬼的故事》:当今的加勒比人中,"夜间工作者"被视为世界的创造者。

〈1913年〉8月13日

也许现在一切都结束了,我昨天的信是最后一封信。也许这是绝对正确的。我将忍受的那些痛苦,她将忍受的那些痛苦——和可能会出现的共同的两人一起的痛苦没法相提并论。我会慢慢地收起心思,她会结婚,这是活着的人唯一的出路。我们二人无法在岩石中劈出一条路,我们有一年之久为此哭泣和苦恼,这就够了。她会从我最后一封信里看出这一点。倘若没看出来,我肯定会跟她结婚,因为我太弱了,弱到抵

抗不了她对我们共同幸福的想法，而且我也没办法不去实现她认为可能的事情，只要这事取决于我。

―――――――――

昨晚在观景楼上，星空之下。

―――――――――

〈1913年8月〉14日

出现了相反的情况。来了三封信。最后一封我无法抗拒。我爱她，尽我所能地爱她，但是这份爱在恐惧和自责中窒息，被埋葬了。

―――――――――

从对我的情况的《判决》中得出结论。我拐弯抹角地将这个故事归功于她。然而，格奥尔格就是在新娘手里毁灭的。

―――――――――

性交是对在一起的幸福的惩罚。尽可能禁欲地生活，比单身汉还禁欲，于我而言，这是承受婚姻的唯一可能。但是她呢？

我们，我和菲利斯，或许是完全平等的，我们也许有着共同的前景和机遇，尽管如此，我可能也不会结婚。然而，我已将她的命运慢慢地推向那个死胡同，这使我担负起不可回避的、绝非不可忽视的责任。人类关系的某种潜规则在这里起了作用。

给父母的信让我十分犯难，尤其是因为，在特别不利的情况下起草的初稿长时间无法改动。今天却顺其自然地成功了，至少里面没有不实之处，而且父母也真的可以阅读并且可以理解。

今晚那么冷——奥斯卡和夫人不在家——我和莱奥一起玩耍，人们还以为我爱他。他又怪又蠢，令我恶心。

〈1913年8月〉15日

痛苦地躺在床上，直到早晨。发现唯一的解决办法是从窗户跳出去。母亲来到床前，问我是不是已经把那封信寄出去了，内容是不是老一套。我说，是老一套，只是更犀利。她说她无法理解我。我回答说,她当然无法理解我,而且不只在这件事上。后来她问我,我会不会给阿尔弗雷德叔叔写信,他值得我写一封信给他。我问道,他凭什么值得。他发过电报,写过信,他对你那么好。"这只是些形式上的东西,"我说,"他于我而言相当陌生,他完全误解了我,他不知道我想要什么,需要什么,我和他毫无关系。""照你这么说,没人理解你,"母亲说,"我对你来说很可能也是陌生的,你父亲也是。这么说我们所有人都只希望你不好。""当然,你们所有人对我而言都是陌生的,我们之间只存在血缘关系,但它却无法表现出来。你们当然不会希望我不好。"

通过这次以及其他几次自我审视,我发现,随着我的内心变得越来越明确和坚定,我有可能无论如何都能够在一段婚姻中坚持下来,是的,甚至有可能让这段婚姻朝着有益于我内心坚定的方向发展。当然,这只是一种信念,我几乎是在窗棂上将它抓住的。

―――――――――

我将自己与所有人隔绝开,直至不省人事。我要与所有人为敌,不跟任何人说话。——

―――――――――

一名男子眼睛漆黑,目光严厉,肩上搭着一堆旧大衣。

利奥波德·S.	一名又高又壮的男子，笨拙拖沓的动作，松散地垂着的、有褶皱的黑白格衣服，急匆匆地穿过右边的门进入大房间，拍着双手喊道，菲利斯！菲利斯！对呼喊的结果一刻都不去等待，就急忙走向中门，又喊着菲利斯，打开了这道门。
菲利斯·S.	从左门进来，站在门边，40岁的妇女，系着厨房的围裙。 我在这里，利奥。你近来怎么变得那么神经质！你到底要干吗？
利奥波德	猛地转过身，然后停住，咬着嘴唇。 哦，好吧！你过来呀！（他走向长沙发）
菲利斯	（没动弹）赶紧的！你要干吗？我还得去厨房呢。
利奥	（从沙发上起来）别提厨房！过来！我要跟你说些重要的事情。值得一听。过来吧！
菲利斯	（缓慢地走过去，把围裙的吊带拉高） 好吧，到底是什么事这么重要？你要是要我，我会生气的，我可是认真的。（站在他面前）
利奥	哦，你坐下吧！
菲利斯	我要是不想坐，你能怎样？
利奥	那我就不能告诉你。我要你靠近我坐着。
菲利斯	好吧，我已经坐下了。

1913年8月21日

今天我得到了克尔凯郭尔的《法官之书》。如我所料，他的情况与我的虽然有本质上的区别，但是十分相似，至少他与我站在这世界的同一边。他像个朋友一样肯定了我。我起草了下面这封信给那位父亲，倘若明天有力气的话，我要将它寄出去。

您对我的请求迟迟不作答，这完全能理解，大概每个父亲都会对请求者这么做，这完全不是写这封信的动机，最多也只不过是增加了我对静静欣赏这封信的期待。然而，我写这封信是出于害怕，害怕您的犹豫或考虑是出于一般的理由，而非源于——这本身也许是必要的——我第一封信中那个独一无二的段落，这段文字可能暴露了我。就是关于我无法忍受我的工作的那段。

您也许会忽略这些话，但是您不应该这样，您更应该十分仔细地过问，然后我肯定会对您做出下面准确而简明的回答。我难以忍受我的工作，因为它与我唯一的渴念、我唯一的事业——那就是文学——相矛盾。因为除了文学，我什么都不是，也成不了而且不想成为别的什么，所以我的工作绝不可能将我吸引，它倒是可能将我毁掉。我变成这样也不是完全没有可能。更糟糕的神经质状态一刻不停地控制着我，对我和您女儿的前途感到忧虑和苦恼的这一年，充分证明了我没有抵抗能力。您也许会问，为什么我不放弃这份工作，并且试着——我没有这个能力——用文学作品养活自己。对此，我只能做出这样可悲的回答，就是我没有力气这么做，就我的情况而言，我倒不如在这个职位上死去，不过当然很快就会死去。

现在您拿我和您的女儿比，她是个健康、有趣、自然、健壮的姑娘。不管我在大约500封信里多么频繁地对她重复这一点，不管她多么频繁地用一句固然无法令人信服的"不是"来安抚我，——这仍然是事实，就我所见，她跟我一起肯定会变得不幸。我是个难以接近、沉默寡言、不爱交际、不满足的人，不只是因为我的外部环境，更是因为我本来的性格，但是于我而言不能说这是一种不幸，因为这只是我目标的反映。至少可以从我在家的生活方式中得出结论。现在我生活在自己家里，生活在最好的、最可爱的人当中，却比陌生人还要陌生。在过去几年，我和我的母亲每天说的话不到20个字，和我的父亲除了相互打招呼外几乎什么也不说。我和已婚的妹妹、妹夫们完全不讲话，倒不是因为生他们的气。原因很简单，我没有一星半点事情要跟他们说。只要不是跟文学相关的事情，我都会觉得无聊，我厌恶它们，因为它们打扰了我，或者碍了我的事，哪怕只是在臆想中。因此，家庭生活对我而言没有任何意义，我充其量可以做个旁观者。我没有亲缘关系的感觉，我在访客中看到的简直就是针对我的恶语相向。

一段婚姻无法将我改变，正如我无法改变我的工作一样。

1913年8月30日

我在哪里可以找到救赎?有多少我完全不知道的谎言会浮出水面?倘若真正的交往就像真正的告别一样与谎言交织在一起,那么我肯定是做对了。在我自己身上,不存在人和人的交往,也就没有显而易见的谎言。这种有限的圈子是纯洁的。

1913年10月14日

这条小街的一端是教堂墓地的墙,另一端是一座带阳台的矮房子。在这座房子里住着退休官员弗里德里希·蒙希和他的妹妹伊丽莎白。

一群马冲出了篱笆。

两个朋友在晨骑。

"魔鬼啊,把我从这神经错乱中拯救出来吧!"一名年迈的商人喊道。晚上他疲惫地躺到沙发上,而此刻,在夜里,他只

有使尽浑身力气才能艰难地起身。沉闷的敲门声响起。"进来，进来，不管外面是谁。"他喊道。

1913 年 10 月 15 日

也许我又把自己给拦住了，也许又悄悄地走上一条更便捷的路，却又让那个在孤独中绝望的自己停了下来。可是头痛，失眠！现在，这意味着斗争，或者更确切地说，我没有别的选择。

在里瓦的停留对我而言意义重大。我头一次听明白一位信基督教的姑娘的话[①]，几乎完全生活在她的影响之下。我没能为这段记忆写下一些重要的东西。只有当混乱即将突破边界，我的虚弱才会为了自保而将迟钝的头脑变得清晰且空旷。但是比起只是模糊和没有把握的逼近，我更喜欢这种状态，此外，要摆脱这种不确定的状态，需要一把能事先敲碎我的锤头。

给恩斯特·魏斯写信的尝试失败了。昨天在床上的时候，这封信在我脑子里已经酝酿好了。

---

① 卡夫卡在里瓦爱上了一个 18 岁左右的瑞士姑娘，她来自吕贝克的一个商人家庭，在后文中卡夫卡用 W. 或 G. W. 指代她，德文写作 Gertrud Wasner。——译者注

坐在电车的角落里,大衣披在身上。

格林瓦尔德教授在里瓦旅行。他的德意志-波西米亚式的鼻子让人想到死亡,面黄肌瘦的脸上是肿胀、发红、鼓起的面颊,金色的络腮胡长在周围。他贪吃又贪喝。一口灌下热汤,一口咬下还没剥皮的意大利香肠尾部,同时将它舔干净,一口一口认真地喝着已经热了的啤酒,鼻子周围冒着汗。这种令人作呕的样子,用最贪婪的凝视和嗅闻来形容都不够。

这幢房子已经关闭。二楼的两扇窗户里有灯光,四楼的一扇窗里也有。一驾马车停在了房子前面。一名年轻男子走向四楼亮着灯的窗边,打开窗户,往下面的街道看了看。在月光中。

已经很晚了。这个大学生已经全然失去了继续工作的兴趣。也完全没那个必要,他上个星期已经取得了巨大的进步,他真

的可以休息一下，限制一下夜里的工作。他合上书和笔记本，整理他小桌子上的所有东西，想脱衣服睡觉。可是他突然看向窗户，看到满月的景象时产生了一个念头，在这美丽的秋夜里散一小会儿步，或许还可以在某个地方喝上一杯黑咖啡来提提神。他关了灯，拿上帽子，打开通向厨房的门。他必须得穿过厨房才能出去，对他而言这通常是完全无所谓的，而且这种不便大大降低了他那间房子的租金，但是偶尔当厨房里异常喧闹的时候，或者比如今天他要在深夜出门的时候，这种情况就有点烦人了。

没有慰藉。今天下午在半睡半醒之中：最终疼痛还是让我的脑袋爆炸了。两边太阳穴处也是如此。我在这想象中看到的原本是一个枪伤，只是伤口四周的边缘生出了锋利的棱并且向上卷起，就像一只被蛮力撬开的铁皮罐。

不要忘记克鲁泡特金！

1913年10月20日

早晨,想不到的悲伤。晚上,读雅各布松的《雅各布松事件》。这种生活的力量、抉择的力量、兴致勃勃踏上正确位置的力量。他坐在自己身体里,如同一个娴熟的划手坐在自己的小船或者每一条小船里。我想给他写信。我没有写信,而是去散了步,我遇到哈斯,跟哈斯的谈话抹去了所有积攒起来的感觉,女人让我兴奋,此刻我在家读着《变形记》,发现它不怎么样。也许我真的无望了,悲伤从今早开始再次袭来,我不能长时间抵御它,它夺走了我每一个希望。我甚至连写日记的兴趣都没有,也许是因为里面已经有太多缺失的东西,也许是因为我总是只能描述一半行为方式,从一切迹象上看来有这个<u>必要</u>,也许是因为写作本身增加了我的悲伤。我想写童话(我为什么这么讨厌这个词?),瓦斯纳大概会喜欢童话,有一次吃饭的时候她把童话书举在桌下,在休息的时候读一读,当她发现那位疗养院医生已经在她身后站了一会儿并且注视着她的时候,她的脸特别红。有时候,其实她在描述的时候一直很激动(正如我发现的,我惧怕回忆过程中所感受到的身体劳累、痛苦,在这痛苦之下,装满空虚思想的房间地面缓缓裂开,抑或只是有一点点拱起罢了)。一切事物都抗拒被写下来。倘若我知道,他们的戒律——不说关于他们的任何事情——在里面起作用(我严格地、几乎毫不费力地坚守这一点),那么我就会满足,但是这除了无能什么也不是。此外,今天晚上我在一路上思考这样一个问题,我因为与瓦斯纳相识而损失了和这位俄罗斯女人一起的欢愉,她也许会让我在夜里进她的房间,也不完全排除这种可能，她的房间就在我房间的斜对面。我同瓦斯纳的夜间交流是通过用一种敲击语言进行的，对此我们从未有过彻底的交谈，我敲击我房间的天花板，这天花板在她的房间下面，收到她的回答，从窗户探出身子跟她打招呼，有时接受她的祝福，有时去抓一条放下来的带子，在窗户护栏上坐数小时之久，听她在上面的每一个脚步声，把每一次偶然的敲击错误地理解为交流信号，听她咳嗽，听她睡前歌唱。

〈1913年10月〉21日

失落的一天。参观林霍费尔工厂，埃伦费尔德的研讨会，在韦尔奇家，晚餐，现在这里是10点。我总是想起那只黑色甲壳虫，却不会去写它。

一座渔村的小港口，一条小船做好了出航的准备。一名穿着扎脚马裤的年轻男子在监工。两名水手正扛着麻袋和箱子走向栈桥，一名双腿叉开的高大男子接过所有东西，然后把它们递到从黑漆漆的小船内部伸出来的某人的手上。在覆盖码头一角的巨大方石上，五名男子半躺着，将烟管里的烟吹向四处。那个穿扎脚马裤的男人时不时走到他们跟前，讲上几句话，敲敲他们的膝盖。他们通常会从石头后面阴凉处拿出一只存放在那儿的红酒壶，然后一杯浑浊的红酒在这些男人中依次传递。

〈1913年10月〉22日

太晚了。悲伤的甜蜜和爱情的甜蜜。在船上被她含笑注视着。这是最美好的时刻。总是想死，总还在坚持，这本身就是爱情。

昨天的观察结果。最适合我的状况是：倾听两个人的谈话，他们聊着与他们关系密切的事情，而我对此事兴趣甚少，本来就是完全没有私心的。

〈1913年10月〉26日

一家人坐在一起吃晚餐。透过没有窗帘的窗子看见热带夜景。

那是个宁静温暖的夜晚。整条乡间小路被月光笼罩。

一家人坐在一起吃晚餐。透过没有窗帘的窗子向热带夜景望去。

"我到底是谁？"我问自己。我从长沙发上起身，然后坐直，在此之前双腿高高地翘在沙发上。直接从楼梯间通向我卧室的那扇门开了，一名年轻男子低着头，带着打量的眼神走了进来。他在这狭小的房间里最大限度地绕开沙发，停留在窗户旁边黑暗的角落里。我想看看这是怎样一幅场景，于是走到那边，抓住那人的胳膊。那是个活生生的人。他比我矮一些，微笑着抬起头看我，漫不经心地点了点头，说"您尽管检查我吧"，他的漫不经心本该使我信服的。不过我还是抓住他身前的马甲和身后的上衣，摇晃了他一下。他漂亮又结实的金色怀表链引起了我的注意，我抓住它，把它拽了下来，扯破了固定表链的扣眼。他忍受着，只是低头看向扯破的地方，想把马甲纽扣扣到扯开的扣眼儿上，不过是徒劳。你干什么呢？他终于说出口，把那件马甲指给我看。"安静点儿！"我用威胁的口吻说。

我开始在房间里来回走动，先是从走变成小跑，后来从小跑变成飞奔，每当我经过他身边时，就冲他举起拳头。他完全不看我，仍在一直捣鼓他的马甲。我感觉很自由，呼吸也变得与众不同，我的胸膛在衣服下剧烈起伏时，感受到一种阻碍。

已经好几个月了，记账员威廉·门茨一直想和一个姑娘搭上话，他每天早晨在去办公室的路上，都会在一条长长的巷子

里碰见她。能一直拥有这个目标，他已经知足了——他很少能坚定地面对女人们，何况早晨也不是跟匆忙赶路的姑娘搭话的好时机——这时碰巧遇上了，他在一个晚上——大概是圣诞节期间——看见那个姑娘走在他前面不远处。"小姐。"他说。她转过身，认出了门茨，早上总能遇见他，但没有停下脚步，眼神也没有在他身上停留片刻。由于门茨没继续说话，她又转过身去。在明亮的街道上，在拥挤的人群当中，门茨只能以不引人注意的方式走近她。在这关键时刻，门茨想不出该说什么合适的话，但他也不想继续跟这位姑娘成为陌生人，因为他无论如何想要将这段认真开启的对话进行下去，因此他壮着胆子拉了一下姑娘的衣服下摆。这位姑娘容忍了这一举动，就像什么都没发生一样。

1913年11月6日

突然哪儿来的自信？一直有呢！作为一个差不多算得上正直的人，或许我能这样进出每一道门。我只是不知道，这是不是我想要的。

玛加蕾特·布洛赫，埃伦施泰因

这件事我们打算对父母只字不提,就是每天晚上9点之后我们,我和两个堂兄弟,就聚在公墓栅栏旁,那里地势略高,视野不错。

公墓的铁栅栏左边有一大片长满草的空地。
弗里德里希:我吃饱了。
威廉:

1913年11月17日

梦:在一段上坡路上,大概是在斜坡中间,更确切地说主要是在车道上,从下往上看,垃圾或结块的泥土从左边开始出现,由于剥落,往右越来越低,而左边的泥土像篱笆的栅栏一样高耸着。我向右走,那边路上几乎没人,看到三轮车上一个男人从下面迎面向我骑来,就像径直朝着障碍物骑过来似的。这个人就像没长眼睛似的,至少他的眼睛看起来像两个模糊不清的洞。三轮车摇摇晃晃,开得虽然不稳,但是的确没有噪声,安静和轻巧得有些夸张。我在最后一刻抓住了这个人,仿佛他就是这三轮车的手柄,我把车引向我来时穿过的缺口。这时他朝我倒下来,我一下子像巨人一样接住他,只不过姿势很别扭,而且车子开始像没了主人似的往后退，虽然退得缓慢，却把我一起拖走了。我们经过一辆两侧有栅栏的马车，上面拥挤地站着几个人，他们全都穿着黑色衣服，当中有一个戴浅灰色卷边帽的年轻探路者。我老远就认出了这个年轻人，期待他的帮助，但他却避开了我，挤进众人当中。然后，在这辆两侧有护栏的马车后面——三轮车不停向前滚动，我必须深弓起身子，叉开双腿跟在车后——有人向我走来，那个人帮了我，我却不记得他了。我只知道他是个值得信赖的人，现在他像是藏在一块绷紧的黑布后面，我应该尊重他的躲藏。

――――――――――

〈1913年11月〉18日

我将再次开始写作，不过期间我对写作这件事产生过多少怀疑啊。我本质上是个无能、无知的人，要是不被强迫，或者自己不做任何努力的话，根本意识不到压力，也许已经去了学校，也许正蜷伏在狗舍里，倘若有人在他面前放上食物，他就会跳出来，狼吞虎咽吃完之后又跳回去。

――――――――――

两只狗在阳光放肆照耀的庭院里朝着对方跑去。

〈1913年11月〉18日

给布洛赫小姐的信开头让我犯难了。

〈1913年11月〉19日

读日记使我感动。是不是因为我现在再也没有一丁点儿自信了？<u>一切在我看来都是虚构</u>。别人的每个评论、每次偶然的一瞥，都会使我内心的所有事情，即便是已经忘了的、完全没有意义的事情，掀起一番波澜。我比从前更加没自信，只感受得到生活的暴力。我感到毫无意义的空虚。我真的像一只迷途的羔羊，在夜里，在山间，或者像一只追在这只迷途羔羊后面的羊。感觉那么无望，连痛苦的力气都没有。

我故意穿过那些有妓女的街道。从她们身旁走过使我兴奋，带走一个妓女的可能性虽然很小，却始终存在。这是种卑劣的行径吗？但我不知道有什么更好的东西了。在我看来，这么做从根本上是无害的，而且几乎不会让我后悔。我只想要又胖又老的女人，她们穿着老旧，却在某种程度上由于各种挂饰而显得丰满充盈。有一个女人可能已经认出我了。我今天下午遇见她，她还没穿上工作服，头发还贴在头上，没戴帽子，穿着像厨娘似的工作衫，正扛着一团东西，大概是去洗衣妇那里。可能没有人会在她身上发现什么吸引人的地方，只有我。我们匆

匆看了彼此一眼。现在是晚上，天气已经变凉了，我见她穿着一件贴身的浅黄棕色大衣，站在从策尔特纳街拐出来的街道的另一边，她在那儿散步。我回头看了她两次，她也碰上了我的目光，可后来我还是从她身边走开了。

这种不自信肯定是因为想到了菲利斯。

〈1913年11月〉20日

在电影院里。哭了。《罗罗特》。善良的牧师。小自行车。父母的和解。无限制的娱乐。先是悲剧影片《船坞里的不幸》，后是有趣的《终于孤单》。非常空虚，没有意义。驶过身旁的电车有着更多的生活意义。

〈1913年11月〉21日

梦：法国部委，四个男人坐在一张桌前。讨论开始。我想起坐在桌子右边的男人，他长着一张侧面看上去被压平的脸，肤色浅黄，非常突出的（因为脸平）直挺挺的鼻子，和一副油乎乎的、绕嘴呈拱形的、浓密的黑胡子。

可怜的观察，肯定又源自一种虚构，它的最底端飘浮在空旷之中：当我从书桌上拿起墨水瓶，把它拿到卧室去的时候，感觉到身体里不知哪儿来的一股坚定，就像雾中出现一幢大楼的棱角，又立刻消失了。我并没有感到失落，我身体里有什么东西在等待着，它不依赖于人，即便是菲利斯。就像现在，我跑开了，就如同一个人一下子跑到田野里一样。

　　这个预言，这个有据可循的预言，这种确切的恐惧是可笑的。这都是虚构，只存在于受它们独自掌控的想象之中，只是每当它们快要鲜活地浮出水面时，肯定又被一下子淹没。谁有魔术般的手，能插到机器里，刀搅千遍也不会粉碎和散落。

　　我在追逐虚构。我走进一个房间，发现在一个角落里，泛白的它们在四处乱窜。

1913年11月24日

前天晚上在马克斯那里。他变得越来越陌生了，经常对我这样，现在我也要这样对他。昨晚直接上床躺着了。快到天明时做的梦：我坐在疗养院花园里的一条长桌旁，甚至可以说坐在桌子末端，这样我在梦里就能看见自己的后背。天气阴沉，我大概已经去郊游过一次了，乘坐一辆在坡道上全速前进的汽车，刚到这里不久。有人正要把吃的端上桌，这时我看见一位女侍者，一个年轻柔弱的姑娘，步态轻盈却摇摇晃晃，穿着一件秋叶颜色的衣服，从圆柱式大厅，一个被当作疗养院前厅的地方，穿过来，往下走到花园里。我确实不知道她要干什么，不过我指着自己表现出疑问的样子，想知道她是不是要找我。她真的给我拿来了一封信。我想，这不会是我等的那封信，这封信非常薄，上面是一种稀疏的、不稳健的陌生字迹。但我打开了它，出现了大量写满文字的薄纸，然而所有字迹都是陌生的。我开始读信，翻阅那些纸，断定这肯定是一封非常重要的信，显然是菲利斯最小的妹妹寄来的。我如饥似渴地读起来，这时坐在我右边的人，不知道是男是女，大概是个孩子，越过我的胳膊看向那封信。我喊道："不！"这一桌神经紧张的人开始战栗。我大概引起了一场灾难。我试图赶紧说几句道歉的话，以便能马上重新读信。我也重新俯身看我的信，这时我不可避免地醒了过来，好像是被我自己的喊声惊醒的。我在意识十分清醒时用力强迫自己再睡回去，那情景真的再次出现了，我赶紧读了两三行模糊不清的字迹，什么都没记住，在接下来的睡眠中，这个梦境消失了。

这位老商人，身材魁梧，屈着双膝，用手按着而不是扶着楼梯扶手，爬楼梯到他的房间去。在房门前，一扇装了栅栏的玻璃门前，他像往常一样正要从裤兜里掏出一串钥匙，这时他发现一名年轻男子在黑暗的角落里正在鞠躬。"您是谁？您要干什么？"这位商人发问的时候，因为爬楼梯还在气喘吁吁。"您是商人梅斯纳吗？"年轻男子问道。"是。"商人回答。"那么我就告诉您一个消息。我是谁，在这里其实并不重要，因为我本身完全与此事无关，我只是个带信儿的人。不过我还是介绍一下自己，我叫凯特，是个大学生。""原来如此。"梅斯纳说着，思考了一会儿。"好吧，是什么消息？"他接着问道。"这事我们最好在屋里说，"这个大学生说，"这是一件无法在楼梯上解决的事情。""我不记得有什么消息是我必须知道的，"梅斯纳说着，朝一旁的地面看去。"这是有可能的。"大学生说。"再说，"梅斯纳说，"现在已经过了夜里11点，没人会在这儿偷听我们说话。""不行，"大学生回答道，"我不可能在这儿说。""可我，"梅斯纳说，"夜里不接待客人，"然后他那么用力地把钥匙插进锁里，以至钥匙串上的其他钥匙当啷当啷地响了一会儿。"我从8点就在这儿等，等了3个小时。"大学生说。"这只能说明这个消息对你很重要。但是我不想听到任何消息。每个不用我听的消息都是好消息。我并不好奇，你走吧，走吧。"他抓住大学生单薄的外衣，把他推开了一些。然后他把房门打开一点儿，里面超强的暖气涌入冰冷的走道。"顺便提一下，这是条商业消息吗?"他接着问,这时已经站在了敞开的门里。"这我也不能在这儿说。"大学生说。"那么我祝你晚安。"梅斯纳说着走进了他的房间,用钥匙锁上了门,拧开床头电灯,打开盛放着几个利口酒杯的壁橱,拿出一只玻璃杯倒满,伴着咂嘴声一饮而尽,然后开始脱衣服。正当他想要倚着高枕头开始读报时,似乎听到有人在轻轻地叩门。他把报纸放回被子上,交叉胳膊听着。敲门声的确再次响起,而且声音非常轻,简直像是在敲门槛。"真是个烦人的猴子。"梅斯纳心想。当敲门声停下来,他再次将报纸拿到面前。可这次敲门声更大,而且直接对着门咣咣地敲。就像孩子们闹着玩似的,敲门声遍布整扇门,就这样,一会儿在下面的木头上敲,声音沉闷,一会儿在上面的玻璃上敲,声音清亮。我必须得起来了,梅斯纳摇着头想着。我不能给房东打电话,因为电话机在前面房间里,我还得叫醒老板娘才能过去。没有别的办法了,我只能亲手把这个年轻男子推下楼去。他拉了拉头顶的毡帽,掀开被单,双手撑着身体挪到床边,脚慢慢地落地,穿上了用棉花填充的高帮家居鞋。"现在好了,"他想着门的事,咬着上唇,"这会儿又安静下来了。""可是我要彻底的安静。"他接着对自己说,然后从托架里拿出一根带牛角扣的手杖,抓住手杖中间走向门边。"外面还有人吗?"他站在关着的门旁边问。"有,"有人回答,"请您开门。""我在开。"梅斯纳说着打开门,拿着手杖站在门前。"别打我!"

〈1913年〉11月27日

大学生警告说,并向后退了一步。"那就走!"梅斯纳说着,用食指指向楼梯的方向。"但我不能走。"大学生一边说着,一边令人十分惊讶地朝梅斯纳跑过去。

〈1913年〉11月27日

我必须停下来,没有直接摆脱掉。我也感觉不到任何可能会迷失的危险,我始终觉得孤立无援,像个局外人。可那种引发我最微不足道的写作的确信感是毫无疑问的,是奇妙的。我昨天散步时用这眼神通观了一切!

开门的女房东的孩子,被一块旧女士头巾裹着,苍白、僵硬且肉乎乎的小脸。就这样在夜里被女房东带到了大门前。

女房东的长卷毛狗蹲坐在下面的台阶上,偷听我从四楼开始发出的脚步声,我走到它旁边时,它盯着我看,我继续走时,它的目光追随着我。这是种令人舒服的信任感,因为它并不害怕我,还把我看作这座熟悉的房子和它的喧闹声的一部分。

场景：船上男服务员们在经过赤道时接受洗礼。水手们到处闲逛。这艘船走南闯北，给了他们云游四方的机会。身材高大的水手们吊挂在船梯上，用浑圆有力的肩膀一步步地挤向船身，看着下面那场戏。

"有人按门铃！"埃尔莎说着，抬起手指。

一间小屋子。埃尔莎和格特鲁德坐在窗边做手工活儿。

埃：有人敲门。

两人在倾听。

格：真的有人敲过门吗？我什么都没听到。我听到的总是很少。

埃：只是声音很小。（走进前厅开门）在前厅里交流了几句。然后是埃尔莎的声音。

您请进。小心别摔着。请走前面，屋里只有我妹妹。

格尔森鲍尔、埃尔莎和格特鲁德这三个妹妹有三间屋子要出租，一间租给了女钢琴教师，第二间租给了牲畜贸易商。

最近，这位牲畜贸易商莫辛给我们讲了下面这个故事。虽然事情已经过去几个月了，他讲这个故事的时候依然激动：

我经常在城里做生意，平均一个月怎么也有十天。我也常常得在那里过夜，所以一直以来只要有可能，我就会避免住旅店，所以我租了一间房，可以直接，

1913年12月3日
给魏斯的信

1913年12月4日
在外界看来，长大成人却年纪轻轻就去世甚至自杀，这是可怕的。即将离去，在彻底的迷惘之中，这迷惘如果进一步发展可能就有它的道理了，绝望地，或怀着唯一的期望，期望在大部分人眼中这个生命从未出现过。我现在就处于这种情况之中。死亡无非是无物对无物的奉献，也无非是无物有意识地献身给无物，而且不只是一种空虚的无物，而是一种沸腾的无物，

它的无有之境只存在于它的不可理解之中。

一群男人，有主有仆。劳动的打磨使他们容光焕发。主人坐了下来，仆人把托盘上的食物端给他。他们两人之间并没有什么大的差别，没有什么要区别对待的地方，除了比如说，一个是生活在伦敦的英格兰人，被不计其数的麻烦困扰，另一个是拉普兰人，独自在风暴中开着他的小船行驶在海洋上。诚然，这个仆人可能——仅仅只是可能——会变成主人，但是这个问题，就算已经得到了回答，在这儿也不会妨碍什么，因为这关系到对眼前关系的瞬间评价。

每个人，哪怕是最好相处的和最顺从的人，都会时常对人类的一致性提出质疑，即便这质疑只是凭感觉发出的，但在每个人看来，人类的一致性表现为，或者说似乎表现为在集体或个体发展过程中不断发现的绝对共性。即便在极其封闭的个体情感之中也是如此。

害怕愚蠢。在每种一往无前地追求、忘却其他一切的感觉

中看见愚蠢。什么才是不愚蠢？不愚蠢在门槛前，在入口旁，像乞丐似的站着，腐烂，倒下。但是约瑟夫和奥特拉①是令人恶心的蠢货。愚蠢是一定存在的，它比携带它的人更厉害。小蠢货们在他们的大愚蠢中诚惶诚恐，这也许就是令人厌恶的地方。但是基督在法利赛人眼中不也是这样吗？

奇妙的、完全矛盾的想法，例如一个凌晨3点去世的人，紧接着会在接近黎明时分进入更高层次的生命形式。这种看得见的人类的生命和其他的一切生命形式之间是多么不相容啊！一个秘密总会引出另一个更大的秘密！人类的缔造者乍一看会喘不过气。实际上人们肯定害怕走出家门。

1913 年 12 月 5 日

我对我的母亲那样大发雷霆！我必须去跟她谈谈，我已经被激怒了，几乎吼了起来。

---

① 卡夫卡的妹夫和妹妹，卡夫卡的父母曾坚决反对他们在一起，但他们还是结婚了。——译者注

奥特拉肯定在受苦,我并不相信她能够忍受受苦这件事,我不相信是因为我更了解,我不相信是为了不必去帮她,我做不到,因为我也讨厌她。

从菲利斯的外表,至少有时候如此,我只看到几处屈指可数的小细节。她的形象由此变得那么清晰、纯净、质朴、清晰,同时也轻快活泼。

1913 年 12 月 8 日

魏斯小说中的虚构部分。消灭它们的力量,这么去做的义务。我几乎否认了这些经历。我想要安静,一步步地走,或者跑着,但不是想象中蝗虫似的跳跃。

1913 年 12 月 9 日

魏斯的《帆桨大战船》。故事情节一开始,效果便减弱了。世界被征服了,我们睁大双眼看到了这一切。所以,我们只能安静地转过身,继续生活。

憎恶主动自省。灵魂的解释，如：昨天我是那样的，更确切地说，是因此而那样，今天我是这样，并且因此而这样。这不是真实的，不是因为这样也不是因为那样，所以也不会是这样和那样。默默地忍受着，不慌不忙，就按照人们必须遵循的方式生活，不要像狗一样到处乱跑。

我在灌木丛中睡着了。一阵声响吵醒了我。我发现双手中有一本曾读过的书。我扔开它，跳了起来。午后没多久，在我所在的小山前面，一大片低地延展开来，有村庄和池塘，中间是等高的芦苇状灌木丛。我双手叉腰，双眼搜寻着一切，同时倾听那声响。

───────────

〈1913年〉12月10日
这些发现将自己强加于人。

───────────

检察长大笑着的、孩子气的、狡猾的、疲乏的面容，我从未在他身上见到过，只是今天在一个瞬间发现的。那时我正在给他读董事的一份报告，他突然抬起头看我。与此同时，他耸了耸肩，右手叉进裤兜，就像成了另外一个人。

发现所有情况并做出评价从来都是不可能的，这些情况对当下的情绪产生影响，甚至在这情绪里发挥作用，最终影响评价，因此，说我昨天感觉坚强了，今天感觉失望了，这是不对的。这种划分只是表明你想影响自己，想尽可能脱离自己，躲在偏见和幻想背后，暂时过一种虚假的生活，就如同一个人在小酒馆的一个角落，心满意足地藏在一个小烧酒杯后面，只独自与那些纯粹虚假的、不可证实的想象和梦境聊天。

接近午夜时分，一位穿着暗灰方格大衣、衣服上还轻轻覆着雪花的年轻男子，上楼朝一间小音乐厅走去。他在收银台付了钱，台后一位微醺的小姐吓了一跳，一双又大又黑的眼睛直勾勾地盯着他看，然后他站了一会儿，想俯瞰距离他身后三级台阶的大厅。

几乎每个夜晚我都会去国家火车站，今天，因为下雨，我在大厅里来回走动了半个小时。这个小伙子一直在吃从自动贩卖机里出来的甜食。他把手伸进口袋，拿出一堆零钱，漫不经心地把钱扔进投币口，边吃边看标签上的字，几块吃的掉下来，他从脏兮兮的地面上捡起来，直接塞进嘴巴。——这个从容地嚼着东西的男人，在窗边跟一位女士、一位亲友亲密地交谈着。

1913 年 12 月 11 日

在汤因比大厅，读《米夏埃尔·科尔哈斯》的开头部分。彻底失败了。选题不好，呈现形式不好，最后的部分毫无意义，不知所云。模范式的观众。第一排是非常年轻的小伙子们。一个小伙子正在试着打发他无辜的无聊时光，他小心翼翼地把帽子扔到地上，再小心翼翼地捡起来，反反复复。因为他太小了，要想在座位上做这件事，总是得让自己从椅子上滑下来一点儿。杂乱无章、无精打采、走马观花、不求甚解地读完了这本书。下午的朗读已经使我渴望得发抖了，我几乎无法闭上嘴巴。

真的无须打击，只要将最后一丝用在我身上的力气抽回，我就会陷入绝望，这绝望将我撕碎。今天当我设想在朗诵时一定要从容不迫的时候，我问自己，这是怎样的一种从容，它的依据是什么，于是我只能说，这只是为了从容而从容，一种无法理解的恩赐，其他什么也不是。

〈1913 年 12 月〉12 日

早晨我起床，相对来说十分神清气爽。

昨天在回家路上，那位穿灰色衣服的矮个儿小男孩在一群小男孩旁边跟着跑起来，撞击彼此的大腿，用另一只手抓住另一个男孩，相当心不在焉地大喊着："今天真不错。"这场景我至今无法忘怀。

今天日程稍做变动，我6点左右走在大街上，空气清新。可笑的监视，我何时才能将它除掉？

刚才我仔细观察镜子里的自己，我的脸——当然只是在夜晚的灯光下，光源在我身后，这样一来我耳郭上的绒毛真的都被照亮了——在更细致的观察下，也比我认识的自己更好看了。一张结构清晰明了、轮廓近乎漂亮的脸。头发、眉毛和眼窝的黑色如同生命般破茧而出。眼神完全没有暗淡，也没有任何暗淡的迹象，但也不是那种天真的眼神，更确切地说，它有力得不可思议，不过也许这也只是观察中的眼神，因为我正在观察自己，想让自己害怕。

1913年12月12日

昨天久久没有入睡。菲利斯。终于有了这个计划,所以我睡得不安稳,请魏斯带封信去她办公室,并在这封信里写道,我想知道她的消息或是关于她的消息,所以把魏斯派去,好让他给我写点关于她的事情,除此之外没写别的。在此期间,魏斯坐在她的书桌旁等着,直到她读完这封信,鞠了一躬,因为他没有受到别的委托,因此也没能得到任何答复,然后就走了。

官员协会的讨论晚会。我主持这个会。自尊心可笑的来源。我的开场白:"我不得不带着会议已经开始的遗憾来主持今晚的讨论会。"这是因为我没有及时被告知,所以没有做好准备。

〈1913年〉12月14日

贝尔曼的演讲。没别的,只是演讲中带着一股偶尔有点感染力的自信。少女似的面容上有肿块。几乎在说每句话之前,面部肌肉都会同样地抽紧,像打喷嚏时一样。他的一个关于圣诞市场的诗句出现在今天的日报文章中。

先生,给您的小家伙买了它吧

这样他们就会笑起来而且不会哭

引自肖的作品:"我是一个久坐的、胆小的平民百姓。"

在办公室写好了给菲利斯的信。

吓了一跳,上午在去办公室的路上遇到了那位从讨论会出来的像菲利斯的姑娘,当下不知道她是谁,只是发觉她虽然跟菲利斯相像,但终究不是菲利斯,不过除此之外她还与菲利斯有某种更深的联系,因为我在研讨会上看见她时,想到了许多关于菲利斯的事。

现在在读陀思妥耶夫斯基的片段,使我想起我"不幸的存在"。

我在阅读时左手伸进旁边的口袋,抓住了我温热的大腿。

〈1913年12月〉15日
给魏斯博士和阿尔弗雷德叔叔的信。
没有来电报。

读了《我们 1870/71 的年轻人》。又一次抑制着抽泣，读到了胜利和激动人心的场面。为人父，平和地与他的儿子交谈。不过接下来就可以用玩具小锤来假装心脏了。

"你已经给你叔叔写了信吗？"母亲问我，好像我早就带着恶毒的话等着似的。种种原因使她忧心忡忡地观察了我许久，一是不敢问我，二是不敢当着父亲的面问我，最终因为她看见我要离开，便担心地问了我。当我经过她的沙发后面时，她的视线从纸牌上抬起来，带着一股早就消失、此刻却不知怎的又复活的柔情把脸转向我并向我发问，这时她只是匆匆抬起头，羞怯地微笑着，在问题没有得到任何回答时就觉得被羞辱了。

1913 年 12 月 16 日
"六翼天使喜悦的雷鸣般的叫喊"

我坐在韦尔奇那里的摇椅上，谈论我们生活的杂乱无序，他总是有某种自信（"人总是想要那些不可能的东西"）。我却没有这种自信，看着我的手指，有一种代表我内心空虚的感觉，

这空虚是独一无二的，并没有过分夸大。

给布洛赫的信。

〈1913年12月〉17日
给魏斯的委托信。"满得溢出来，然而只是一口冷灶上的锅。"

贝格曼的演讲《摩西与当代》。纯粹的印象。当这个人将自己举上去的时候，他的确将自己卡在了高处的某个地方。小时候他就容易被一切他相信的事情打动，但也许并不是一切事情，只是我不知道而已。——无论如何，我与此无关。真正可怕的路在自由和奴役之间交错着，没有通往下一段路的指引，已经走过的路也立刻消失不见。这样的路有无数条，或者只有一条，这一点是人们无法断定的，因为看不到全貌。我就在那里。我无法离开。没什么好抱怨的。我没有承受过多的苦难，因为我受的苦并不是相互关联的，没有堆积起来，至少我暂时没有这种感觉，而我所承受的苦难远小于我也许应当承受的程度。

一个男人的剪影，他半举着手臂，用各种姿势将手臂举向高处，转身走进浓雾。

犹太教里美好而强大的划分方法。人们获得了空间。人们更好地看待自己，更好地评价自己。

〈1913年12月〉18日
我去睡觉，我累了。也许这在那里就已经注定了。许多与此相关的梦。

布洛赫的错误的信。

〈1913年12月〉19日
菲利斯的信。美丽的早晨，血液里的温热。

〈1913年12月〉20日
没有书信。

一张平静的脸、一段从容的演说产生的效果,尤其当它出自一个陌生的、还没被看穿的人。上帝的声音从人类的嘴巴里发出。

一个老男人在一个冬季的夜晚穿过雾中的街道。天气冰冷。街道上空无一人。没人从他身旁走过,他只是偶尔看见远处的薄雾中有一个高大的警察,或者一个穿着皮草或裹着头巾的女人。他什么都不关心,只想着去拜访一位朋友,他已经很久没去过他那儿了,就在此时,那位朋友让一个女仆来接他。

午夜之后许久,有人轻叩商人梅斯纳的房门。他肯定没有被唤醒,他总是快到早晨才睡觉,直到那时他都会醒着趴在床上,脸埋在枕头里,胳膊伸开,双手交织在头上方。他立刻听

到了敲门声，"是谁？"他问。回答他的是一阵听不清楚的嘟哝声，比敲门声还要小。"门是开的，"他说着，扭开了电灯。一个矮小柔弱的女人裹着大披肩进来了。

1914年1月2日

和魏斯博士度过了许多美好的时光。

1914年1月4日

我们在沙子里挖了一个坑，在里面感觉很舒服。夜里我们蜷缩在这个坑里面，父亲用树干遮住了这个坑，并在上面扔了些灌木枝，尽可能让我们避开风暴和动物的威胁。每当树枝下面已经很黑，而父亲始终还没出现时，我们常常会害怕地叫"爸爸"。后来我们从一道缝隙里看到他的脚，他悄悄地溜进来，轻轻地拍拍我们每个人，当我们感受到他的手时，就能够平静下来，然后我们所有人就一起睡着了。除了父母之外，我们有5个男孩，3个女孩，这个坑对我们来说太挤了，但是假如夜里不这么紧挤在一起的话，我们反而会害怕。

1914年1月5日

下午。歌德的父亲去世前已经痴呆，在他最后那段生病的日子里，歌德正在创作《伊菲革涅亚》。

"把这个人弄回家去,她已经喝醉了。"不知哪个宫廷官员跟歌德这么说克里斯蒂娜。

像他母亲一样酗酒的奥古斯特,正在跟一群乡下姑娘下流地厮混在一起。

出于社交方面的考虑,父亲让他将这位没人爱的奥蒂莉称为夫人。

沃尔夫,外交官和作家。

瓦尔特,音乐家,没能通过考试,隐退到花园小屋里数月。当沙皇皇后要见他的时候他说:"您跟沙皇皇后说,我不是野兽。"

"我的健康与其说是铁做的,不如说是铅做的。"

沃尔夫狭隘的、毫无成果的写作工作。

老人们在屋顶阁楼里的聚会。80岁的奥蒂莉,50岁的沃尔夫和老熟人们。

只有在如此极端的情况下,人们才会意识到,每个人都无可救药地迷失了自己,只有通过观察其他人、观察在他们心中及其他各处起支配作用的法则,才能获得安慰。从外表看来,沃尔夫是好操控的,可以呼之即来,可以逗乐,可以鼓励,去做系统的工作,他的内心却是克制和坚定的。

楚科奇人为什么不从他们那可怕的地方迁走呢，与他们现在的生活和当下的愿望相比，也许他们在任何地方都会生活得更好。但他们不能，一切可能的固然会发生，只有发生的才是可能的。

在菲利斯居住的这座小城里，一个来自隔壁较大城市的葡萄酒商人要在这里建一个小酒馆。他在环形广场的一个房子里租了一小间拱顶地窖，在墙壁上画上东方图案，把旧得几乎不能用的长毛绒家具放在屋里。

1914 年 1 月 6 日

狄尔泰：《体验与诗》。对人类的爱，对由这种爱演化出的一切给予至高无上的敬意，默默退到适合观察的位置。路德青年时期的作品

"巨大的幻影，从看不见的世界而来，被杀戮和鲜血吸引，走进这看得见的世界。"帕斯卡尔。

为安岑巴赫给岳母写的信。利斯勒吻了那位男老师。

1914年1月8日

范特尔朗读《金首领》:"他像扔一只桶一样把敌人扔出去。"

心神不宁,单调乏味,万籁俱寂,一切都将消失在这里。

我和犹太人的共同点是什么?我和自己几乎都没有什么共同点,我应该安静地、满足地待在一个角落,好让自己能够呼吸。

描述无法解释的感觉。安岑巴赫:自从那事发生之后,女人的眼神会使我痛苦,不过那不是某种性冲动,也不是纯粹的伤心,只是让我痛苦罢了。对利斯勒有把握之前,我也是这样的。

1914年1月12日

昨天:奥蒂莉的风流情史,年轻的英国男子们。——托尔斯泰的订婚,关于一个弱不禁风、脾气暴躁、自我压抑、预感不祥的年轻男子的清晰印象。穿得漂亮,穿深色和深蓝色。

咖啡馆里的姑娘。紧身裙,点缀着毛皮的白色宽松丝质上衣,裸露的脖子,材质相同的贴合的灰色帽子,硬挺、歪斜、高高地立着。她丰盈的、挂满笑容的、永远在呼吸的脸,友好的目光,但有一点做作。想到菲利斯时,我的脸发热。

回家的路,明亮的夜,清醒地意识到我内心唯有沉闷,这种意识的清晰度毫无阻碍地不断增强。

尼古拉,文学书信。

诚然,我是有机会的,但是它们藏在哪颗石头下面呢?

在马匹上，向前奔驰——

青年时代的毫无意义。对青年时代的恐惧，对毫无意义的恐惧，对非人生活毫无意义地出现的恐惧。

蒂尔海姆：他有精神生活的那种自由的灵活性，在变换的生活环境中不断因新的篇章而震惊，只有真正诗人的创作才能拥有这种灵活性。

1914年1月14日

在办公室里，恐惧和自信交替出现。否则会更自信。对《变形记》的巨大反感。没法读的结尾。骨子里的不完整。要是那时候我没有受差旅干扰的话，可能会好很多。

〈1914年1月〉23日

检察长巴尔特尔讲述了一个跟他结交的退休上校的故事，

他睡在完全敞开的窗户旁:"夜里这样很舒服。但是当我早晨不得不铲掉靠窗的无靠背沙发上的积雪,然后开始刮胡子的时候,就不舒服了。"

伯爵夫人蒂尔海姆的回忆录:

母亲:"拉辛特别适合您温柔的性格。我常听说她是如何祈祷上帝赐予他永久安宁的。"

可以肯定的是,他(苏沃罗夫)在为俄罗斯驻维也纳大使拉苏莫夫斯基伯爵举办的大型宴会上,像个贪吃鬼一样站在桌边狂吃着各类菜肴,压根儿不等别人。他吃饱了就站起来,把客人们晾在一边。

从一幅版画来看,是一个虚弱、坚定、迂腐的老头。

"这并不适合你。"母亲的安慰不怎么样。糟糕的是,眼下我几乎不需要什么更好的安慰了。我在这件事上受伤,而且一直受着伤,但是此外,前几天那种规律的、几乎不变的、半忙碌的日子(在办公室里做着关于"经营"的工作,安岑巴赫担

心他的新娘，奥特拉的犹太复国主义，姑娘们享受着萨尔腾－席尔德克劳特的演讲，朗诵蒂尔海姆的《回忆录》，给魏斯和勒维的信，修改《变形记》）真的让我的精神集中起来，给了我一些确信感和希望。

〈1914年1月〉24日

拿破仑的时代：节日是多么拥挤啊，所有人都在忙着"尽情享受短暂和平时期的快乐"。"另一方面，女人们充分发挥自己对这种快乐的影响力，她们真的没有时间可以失去了。那时的爱情以更大的热情和更多的投入表现出来。"……"如今，再也没有任何托词给一段懦弱的时光了。"

———————

无法给布洛赫小姐写信，已经有两封没有回复了，今天这是第三封。我无法正确表达任何事情，对此我相当确信，却也心情低落。不久前，当再次在常规时间从升降电梯里走出来时，我突然发觉，我的生活和生活中越来越琐碎单调乏味的日子，就像是罚写作业，学生必须依据他的错误将同一个、至少在重复过程中毫无意义的句子写上十遍、百遍甚至更多，只不过这在我看来是一种惩罚，对他们而言就是"你能忍多少次就忍多少次"。

安岑巴赫无法让自己平静下来。尽管他信任我，尽管他想听取我的建议，我却始终只是在谈话过程中顺便了解到最糟糕的细节，同时还得尽可能抑制突然的惊愕，我也并非感觉不到，他要么肯定觉得我对他令人震惊的消息表现出的漠不关心是冷酷无情，要么会将之理解成一种极大的安慰。我也正是这个意思。我听到的这段有关亲吻的故事，是以星期为单位划分为如下阶段的：一名教师亲吻了她——她当时在他的房间里——他吻了她很多次——她定期去他的房间，因为她正在给安岑巴赫的母亲做手工活，而这位教师这儿的光线好——她任由别人亲吻——以前他就对她表达过爱慕之心——尽管如此，她还是同他一起散步——想给他做一件圣诞礼物。有一次她写道：我遇到了点儿不舒服的事情，但是没有什么后遗症。

安岑巴赫用下面这种方式盘问她：到底怎么回事？我要详细了解这件事。他只是亲吻了你吗？经常吗？去了哪里？他没有压在你身上吗？他摸你了吗？他有没有要脱你的衣服？

回答：我坐在长沙发上做手工活，他坐在桌子另一边。然后他走过来，坐在我旁边，亲了我，我躲到沙发靠垫上，然后连头一起被压倒在靠垫上。除了亲吻什么也没发生。

在提问的时候她曾说道："你到底想什么呢？我是个姑娘。"

现在我想起来了，我给魏斯教授的信是这样写的，这封信可以全部给菲利斯看。要是他今天就给她看了，并因此推迟答复的话，可如何是好。

1914 年 1 月 26 日

我没法读蒂尔海姆，而它是我过去几天快乐的来源。给布洛赫小姐的信现在已经在寄送的路上了。这种事纠缠着我，令我担忧。父母在同一张桌子上玩纸牌游戏。

星期天中午，父母和他们还在长身体的孩子们，一儿一女，坐在桌子旁。母亲刚站起身，要把大汤勺浸入鼓形汤锅里，准备分汤，这时整张桌子突然抬高，桌布飞起，平放的双手滑落下来，汤汁带着滚动的肉圆流到父亲腿上。

此刻我险些责骂母亲，因为她把《邪恶的无辜》借给了埃莉，昨天我本想亲自把这本书给她的。"把我的书留下！除此之外我什么都没有了。"说这话的时候我真的怒了。

蒂尔海姆父亲的死:"医生们迅速赶来,发现脉搏很弱,说病人只有几小时的生命了。上帝啊,他们说的正是我的父亲——只有几小时,然后就会死掉。"

1914年1月28日

关于卢尔德的奇迹的演讲。思想自由的医生,精力充沛,牙齿强健有力,龇着牙,带着极大的愉悦翻来覆去地说:"现在是德国式严谨和真诚统一战线对抗异族江湖骗子的时候了。"《卢尔德信差》报纸叫卖人:"今晚恢复得不错,"肯定能康复!讨论:"我是个简单的邮政官员,其他什么都不是。"

世界饭店——出门的时候想着菲利斯,无尽的悲伤。通过思考逐渐平复。

信寄给布洛赫,《帆桨大战船》寄给魏斯。

很久以前,一个女纸牌占卜师告诉安岑巴赫的妹妹,她的长兄订了婚,他的未婚妻欺骗了他。当时他怒气冲冲,拒绝听这些话。我:为什么只是当时?这在今天跟当时一样都是假的。她确实没有欺骗你。他:她没有,对吗?

1914年2月2日

安岑巴赫。女友给未婚妻写了一封俗不可耐的信。"如果我们将一切都看得那么严重,就像那时,我们被忏悔的训诫影响和控制着。""你为什么在布拉格如此克制,在大事上发泄情感,还不如在小事上发泄。"我突然有几个好点子,按照自己的理解,从对未婚妻有利的角度解读这封信。安岑巴赫昨天在什卢克诺夫。一整天和她待在房间里,手里拿着装有所有信件的包裹(他唯一的行李),不停地盘问她。没听到什么新鲜事,开车前一小时他问:"亲吻时熄灯了吗?"得到的消息使他绝望,W.[①]在(第二次)亲吻时关了灯。W. 坐在桌子边画画,L.[②] 坐在另一边(在W.的房间里,大约晚上11点)朗读《阿斯穆斯·森佩尔》。这时,W. 站起身,去柜子里取什么东西(L. 以为是圆规,安岑巴赫以为是避孕套),突然把灯熄灭,暴风骤雨般地亲吻她,她陷到沙发里,他抓住她的胳膊、肩膀,同时说着:"吻我!"

L. 在另一种情况下说:"W. 十分笨拙。"

[①] W. 是前文提到的那个诱骗利斯勒的男教师。——译者注
[②] Liesl,安岑巴赫的未婚妻。——译者注

又有一次:"我没有吻他。"又一次:"我以为是躺在你的怀里。"

安岑巴赫:我必须搞清楚(他想着让她找医生检查一下),如果我后来在新婚之夜得知她撒谎了,那会怎样呢?也许她之所以如此镇静,是因为他用了避孕套吧。

卢尔德:对信仰奇迹的攻击,也是对教堂的攻击。他可能会以同样的权利在各地采取行动,反对教堂、游行、忏悔,反对这些肮脏的勾当,因为无法证明祈祷是否有用。与卢尔德相比,卡罗维发利是个更大的骗局,卢尔德有个优点,就是人们因为内心最深处的信仰而前往那里。它与那些在手术、血清疗法、注射疫苗、药物方面的执拗想法是怎样的关系呢?

总还是有:供流浪的重病患者使用的大医院;脏兮兮的浴池;等待专列的担架;医生委员会;山上的白炽灯十字架;教皇每年收入300万。神父带着圣体匣走过,一个女人在她的担架上叫喊:"我没病。"她的骨结核依然没有变化。

门打开一条缝。出现一把左轮手枪和一只伸出来的手臂。

《蒂尔海姆》第二卷，第 35、28、37 页（没什么比爱情更甜，没什么比卖弄风骚更有趣）

第 45、48 页（犹太人）[①]

1914 年 2 月 20〈10〉日

11 点，散步之后。比往常更神清气爽。为什么？

1）马克斯说，我，我很平静。

2）菲利克斯要结婚了（生过他的气）

3）倘若菲利斯还是不要我的话，我就一直单着。

4）泰恩女士邀请我，我考虑如何向她介绍我自己。

我偶然间走了相反的路线，往常的路线是铁链桥、城堡区、卡尔桥。通常我会摔倒在这条路上，今天我从相反的方向过来，就站得稳了一些。

1914 年 2 月 21〈11〉日

狄尔泰的《歌德》，匆匆读完，狂放的印象，把它拿开，

[①] 这里是卡夫卡对伯爵夫人露露·蒂尔海姆的《我的生活——来自奥地利大世界的回忆》中相应页码做的笔记。——译者注

为何人不能点燃自己，在烈火中灭亡？或者为何人们不能追随，即便没有听到任何命令？坐在他空荡房间中间的沙发上，盯着木地板看。在山里一条山谷小路上喊着"前进"，听见几个人从岩石间的所有小路上发出的呼喊，看见他们走上来。

1914 年 2 月 13 日

昨天在泰恩女士那里。安静且充满活力，一种无可指摘的、贯穿全身的、深入骨髓的通过目光、手和脚散发出来的力量。坦诚、直率的目光。我的记忆里总有她那顶旧时期的丑陋、怪异、隆重、插着鸵鸟毛的文艺复兴风格的帽子，若不是私下认识她，我会厌恶她。当她匆忙地要讲述什么的时候，就会用皮手筒压住身体，却还是会抽搐。她的孩子是诺拉和米尔亚姆。

这个眼神，这种说话时忘我的状态，全身心的投入，小巧活泼的身体，还有这生硬且低沉的声音，关于漂亮衣帽的谈话，让我想起很多关于瓦斯纳的事，而在她身上丝毫看不到这些。

从窗户向外眺望那条河。在谈话过程中，有好几次，虽然她没有表现出丝毫疲倦，但我完全不在状态，眼神涣散，不理解她说的话。她把最简单的东西翻来覆去地说明，而我不得不看着她兴致勃勃的样子，漫无目的地抚摸那个小孩子。

梦：在柏林，穿过街道，去她家，安详幸福的感觉，虽然我还没有去过她家，但很容易有机会去那里，而且一定会去。我看着两旁有房子的街道，一座白房子上面的标语大概是"北方豪华礼堂"（昨天在报纸上读过），在梦里加上了"柏林W"。向一个和蔼的红鼻子老警察询问，这次他穿着用人的制服。得到了过于详细的回答，他甚至还给我指了指远处一块小草坪的栏杆，为安全起见，我经过那里时应该扶着它。然后是关于电车、地铁等等的建议。我没法再听下去了，深知自己低估了这段距离，吃惊地问道："大概有半个小时的路程吧？"可是那位老者回答道："我到那儿只要6分钟。"真让人高兴！不知是谁，一个影子，一个同伴，一直陪伴着我，我不知道那是谁。我也确实没有时间回头看，转向旁边。——住在柏林某一家膳宿公寓，里面住的似乎全是年轻的波兰犹太人；房间相当小。我把一个水杯的水倒掉。有个人不停地在打字机上敲字，有人请他帮点什么忙时，他头都不回一下。搞不到柏林地图。我总看到一个人手里拿着一本类似地形图的书。但结果总是表明，那是全然不同的东西，里面包括一份柏林学校的名单，一份税收统计表或者类似的东西。我不愿相信这一点，但是人们微笑着相当确信地向我证明此事。

1914年2月14日

假如我自杀了，那么肯定不是任何人的错，不过显然最直接的诱因是菲利斯的态度。我已经在一次半睡半醒中想象过这样的场景了，结果可能是这样的，倘若我已经预测到结局，把告别信放进口袋，来到她的住处，求婚遭拒，把信放在桌子上，走到阳台，被所有人急忙跑去拦住，我挣脱他们，当那些手不得不一只一只地停下来时，我就跃过阳台的栏杆。不过，那封信里写着，我虽然是因为菲利斯跳下去的，但是即便她接受了我的求婚，对我而言也没有什么本质上的变化。我该到下面去，我找不到任何其他的补偿。菲利斯恰好成为证明我命运的人，没有她我活不下去，我必须跳下去，但是我也——这也是菲利斯担心的——没法跟她生活在一起。为什么今晚不能用来做此事呢？今天家长会上的演讲人已经出现在我脑海里，他们谈论着生活和生活条件的创造，——但是我坚持幻想，过着一种纠缠不清的生活，我不会这么做，我非常冷酷、悲伤，一件套头衬衫压迫得我喘不过气，我该死，消失在雾里。

1914年2月15日

回想一下，这周六日对我而言是多么漫长啊。昨天下午我剪了头发，给布洛赫写了信，然后在马克斯的新住所那儿待了一会儿，接着去了利泽·韦尔奇旁边的家长会，之后去了鲍姆那儿（在电车里遇到克雷齐希，"乐谱"），然后在回家的路上听马克斯抱怨我的沉默，之后有自杀的欲望，后来姐妹们从家长会回来，什么都不能讲。直到10点钟都躺在床上，睡不着，痛苦一个接一个。没有信，这里没有，办公室里没有，给布洛赫的信投到弗朗茨约瑟夫铁路局，下午，格克，在伏尔塔瓦河滨散步，在他公寓里朗读，奇怪的母亲吃着黄油面包，玩着单人纸牌游戏，就这样两个小时过去了，决心周五去柏林，遇见科尔，和妹夫、妹妹们一起在家里，然后在韦尔奇那里谈论他的婚约（卓伊妮·基施熄灭蜡烛），之后在家，试图用沉默来吸引母亲的同情和帮助，现在是妹妹在讲俱乐部晚会的事，11 点三刻的钟声响起。

在韦尔奇那里，为了安抚激动的母亲，我说："的确，我也会因为这桩婚事失去菲利克斯。结了婚的朋友就不是朋友了。"菲利克斯什么都没说，当然也不能说什么，他甚至都不想说这件事。

笔记以菲利斯作为开头，她在 1913 年 5 月 2 日让我头脑不安，如果我无法确定用哪个更糟糕的词来代替"不安"的话，我也可以用同样的开头来结束这本日记。